新版

禅とは何か

鈴木大拙

角川文庫
15492

序

昭和二年から三年にかけて大阪妙中禅寺にてなせるわが講演の筆記をまとめたのがこの書である。目次は当初のままになっている。この予定で講演するつもりでいたが、実際には必ずしもその通りになっていない。学校の講義と違って、公開の講演ではその時々の気分で、話が予定のごとく進まぬことがある。

妙中寺の和尚さんは高畠眉山といって、鎌倉仏日庵の和尚さん（編者注・昭和十五年没）でもある。その師なる福泉東洋和尚というのは、今は故人になられたが、わが学生時代によくお世話になったものだ。その講演録が公刊せられて、世の人に何かのためになることでもあれば、亡き人に対しての、いくらかの報恩底であろう。

洛北、也風流庵にて

鈴木大拙

目次

第一回　宗教経験としての禅　七

第一講　宗教経験とは何か　九
個人的経験—精神的不満—不満の分析—事実の世界と価値の世界—知的宗教と情的宗教—回心—回心と悟道

第二講　何を仏教生活というか　三
仏教の構成分子—仏陀の人格、体験、法、仏弟子等の体験と菩提心—仏教的経験の一大流れとこれに注ぎ込む無数の支流—この精神的大河流はインド、中国、日本においていかなる波を揚げたか—仏教生活の基調—三菩提

第三講　仏教の基本的諸概念　至
原始仏教における知的傾向—厳粛主義—戒律—禅定—情的傾向の発展—羅漢と菩薩—小乗と大乗—本生譚および禁欲主義と大悲大知—大乗教の理想—仏陀の一生—一切苦とは何の義か—知、悲、方便、回向

第四講　証三菩提を目的とする禅　仌

知的仏教の窮極―三菩提とは何か―超知識、直覚、個人的体験―インド禅と中国禅―禅の具体性と創造性
第五講　心理学から見た禅　一〇三
中国における禅の初まり―主知主義、形式主義に対しての反抗―神秘的経験―論理主義と禅―禅の心理学的基礎―意識下の精神活動―禅の心理学的説明―公案の心理
第二回　仏教における禅の位置　一三三
第一講　宗教経験の諸要素　一三五
制度としての宗教と個人的経験―宗教の要素―伝統的―知性的―神秘的
第二講　宗教経験の諸型　一五三
宗教の知性的要素―知性の本分―宗教と迷信―宗教と科学―宗教と哲学―宗教における知性と感情との関係
第三講　宗教としての仏教　一七九
宗教の神秘的要素―知不到処―受動性―個性的色彩

第四講　楞伽経大意（主として本経と禅宗との史的および内容的関係）　二〇七
達摩慧可に本経を伝う―慧可以後本経の研究―第六祖慧能と金剛経―本経研究の必要―自覚聖知―阿頼耶識と如来蔵―本経と起信論と禅宗
第五講　神秘主義としての禅　二三九
禅の特色―中国における始期―六祖以後―曹洞と臨済―公案の性質―十牛図―尋牛―見跡―見牛―得牛―牧牛―騎牛帰家―忘牛存人―人牛倶忘―返本還源―入鄽垂手
解説（旧版）　古田紹欽　二三三
解説　末木文美士　二五八

第一回　宗教経験としての禅

第一講　宗教経験とは何か

個人的経験――精神的不満――不満の分析――事実の世界と価値の世界――知的宗教と情的宗教――回心――回心と悟道

宗教経験としての禅を説くに当たって、まず第一に宗教経験とは何か、この意味を一応定義しておかねばならぬと思うのである。いったい経験ということは厳格にいえば人間の場合にのみ用いられる言葉であって、動物植物などの場合にはあり得ない、と言い切ることはできないかも知れぬが、経験ということは意識があって初めて存在する事実であり、しかもその意識は記憶から成立するものであるとしたならば、経験という言葉は人間において最も十分なる意味を示しているものであると言えるのである。犬などが人から打たれて恐ろしいと思って逃げるのはそれは犬の経験であるが、こんな経験には反省が伴わないのである。したがって何の意味もない。人間の場合はこれに反して、もっともっと深広な意識の根底の上に立つ経験が可能になっているものである。いわんや宗教経験においては人間であって、初めて許さるべき言葉なのである。そこで然《しか》らばいったいこの宗教経験と言い得られる事実はいかなる種類の経験であるか、ということを知りたくなる訳である。

それにはまず宗教そのものを知ることが十分でなければならないのである。ゆえにここに宗教に対するわれわれの観察上の立場を二、三お話ししておかねばならぬと思う。

（一）第一に社会的事象として宗教を見るならば、それは一つの制度とも見られるのである。彼の本山とか末寺、檀徒《だんと》、信徒、という風に組織づけられている、これらの組織の上からして宗教は一つの社会的関係を表示する現象だと見ることができる。実際、宗教は全体の社会生活を構成する一分子であるからである。今日だいぶやかましい問題になっている宗教法案というものも、宗教を一つの社会生活の一事象と見て、初めてその必要が発生したものと考えられるのである。あの花祭なども、この点から考えてみると、また一つの宗教の社会的活動性を表示しているものと言い得らるるのである。

（二）次に宗教を儀式の方面から観察することも可能である。だいたいにおいて儀式のない宗教は宗教でないといわれているごとく経文の読み方やその他服装とか大小の儀式作法やお祭など、あらゆる儀式がそれぞれの宗教に存在している。思うに儀式のない宗教はちょうど身体のない心、または幽霊のようなものである。禅宗ではよく本来無一物などというから、本来無一物のところになにゆえに繁雑なる儀式の必要ありやと、世間では往々に疑う人もあるが、いかにしても宗教には儀式が不可欠なものである。これがなくては宗教が幽霊的になり、その生きた力を現わし得ないのである。また寺院の建築なども一つの儀式と見られるのである。キリスト教、回教、その他の宗教と仏教の寺院建築とを比較すると、その内面的差異が直ちに建築物という外形にも顕《あら》われている。その各自の宗教的感情生活の相違が如実に形骸《けいがい》の中に包まれているということは宗教の特殊性を知る上にまことに便宜でもあり、また興味ある事でもあるのである。

（三）　また宗教はこれを知的方面から観察することも可能である。いったい、われわれ人間の場合においては知性、理知というものがわれわれ人間性の根本まで食い入っているのである。したがってこれが宗教そのものの中にまでも入り込んで来ることは免れない事実なのであるから、宗教と知性とは不可分離のものだといわねばならぬのである。それならば知性それ自身のみで宗教であり得るかといえば、ちょうど社会的活動が宗教でなく、儀式が宗教の全幅でないことと同様に、これまた許さるべき事柄ではないのである。けれども知性と宗教の不可分的関係に立つことは否定し得ない事実である。宗教はどうしても哲学の力を多少なりとも借らねばならない関係のもとにあるからである。

（四）　また宗教を道徳上から眺めることも可能である。いったい世上においては宗教と道徳とは、どちらがより根本的なものであるとか、または宗教は従であって道徳が主であるとか、またはその反対であるとか、いろいろとこの問題について多くの議論が存するのであるが、本来宗教は道徳ではないのである。しかし、またそうかといって、道徳をことごとく破壊し去ったところに宗教があるとは言えないのである。善人が必ずしも立派な宗教家ではなく、立派な宗教家だからといって必ずしもその時代にその人が善人として通るものとも限らない。いったい宗教なるものは道徳以外に一方面を開拓しているものなるがゆえである。中世においてキリストの使徒らがあらゆる当時の道徳上から向けられた多くの非難に対して、敢然として立って反抗を続け、または仏教でも、ある時代には人をなんらかの形式のもとに殺すというようなことによって、宗教的な人間の精神の満足を勝ち得たという。今日からして考えてみれば実に誤った観念をもっていたことは、いずれもこの宗教が道徳以外に一方面を別に開いていた事実を、有力に証拠だてるものであるというるのである。

以上は宗教に対する観察上の四つの立場を示したものであるが、これらの四つの要素をまことに手ぎわよく科学的に化合させ抱合させてゆくとしても、それで決して宗教を成立せしめてゆくものとはならないのである。ここに今一つの大切な要素がある。そして、これこそ宗教の本体を形成する最も重要なる要素をなすものである。自分はこの要素を宗教経験という名題のもとに説いてみる考えなのである。これが以上の四要素に加わらなければ、その化合の仕方がいかに精巧であっても、そこに宗教なるものが形成されることは不可能である。実に宗教をして可能ならしむるものは、この個人的宗教体験であって、したがって今日ここに最も考うべき重要な眼目となっているものなのである。

さて、しからばその宗教体験とはいったいいかなるものかということになるのであるが、個人個人がこの体験という最後のところまで出て来る道筋には、宗教の社会的活動とか、儀式とか、道徳とか、理知とかがいずれも相交わっているのである。宗教はこの最後の体験というところまではいって来なければ、真の妙趣は味わうことができない。また、その妙趣が現成して来るようでなければ宗教は宗教としての生きた用をなさないのである。それなら体験ということはいったい何かということになるのであるが、ここではしばらく人の心を分析して考えることの可否を論じないこととして、体験とはこの心、すなわちわれわれの主観が、一定不変のある態度を持して、内外の境界に対して行く、その呼吸が自分の手にはいるということである。内の境界というのはちょっと変な言葉であるが、われわれの心の奥深くあると考えられるようなものに対しても、その主観が一定の態度をもってこれに臨むということなのである。そしてこの内外境界に対してわれわれの主観の持する一定の態度が確定して、初めてそこに宗教の意義が成立するのである。

いったいわれわれの精神的不満というものは、この主観の内外界に対する態度が一定せぬ間は、どうしても熄《や》まないものなのである。そして、そこにわれわれは心の悶《もだ》えを感じて安心せぬ、落ち着かぬ、等々の心持を感ずるのである。しかしながらこの主観が内外界に対して一定の態度を採るに至るまでの道筋としての精神的不満、煩悶《はんもん》は人間にして初めて可能なる事柄なのでもある。人間以外にはこの不満がない。すなわち、われわれの見るところによっては、すべての植物動物はいずれもその外境に安心していると感ぜられるのである。人間は神と動物との中間にぶら下がっているからして、そこにわれわれの刻々痛切に感ずるところの精神的不安なるものが付き纏《まと》って離れないのである。

さて人間にはこの精神的不満なるものがどうしても離れられないものとはなっているけれども、十三世紀のドイツのエックハルトであったか、人間の心は休息を求めてそして最後に神の信仰に至って初めて安心を得ると言っているが、中ぶらりんになっている石には不安が絶えない、人間もそれと同様であって、心の内外に対する主観の態度が確立一定せぬ以上は、どうしてもこの精神的不満が止まないのである。阿含経《あごんぎよう》にはよく涅槃《ねはん》ということを説いてあるのであるが、この涅槃ということは「安穏」ということを意味するのである。この涅槃を他の言葉で訳してみると、常楽我浄とでもなしたら間違いなかろうと思う、まことに涅槃の内容はこの常楽我浄の四字に存すということができるのである。われわれの心が内外界に対してある一定不変の態度を採るようになれば、自然とそこにこの常楽我浄の四文字の意義を現前してくるのである。常ということは永久を意味し、楽は世の中で通用する「楽しむ」ということではなく、心に一つの落ち着きがあるということ、我は自由自在、浄は清らかに心の澄み切ったこと等を意味するのである。私一個の考えとしては、この常楽我浄の四文字の中で「我」が最も大切であると信じている。自由自在で物事に捕われないということである。そこのところの呼吸を会得すると自然に他の常楽浄の三つの意味が含まれて来るのである。であるから涅槃の真相はこの「我」すなわち自由自在を体得したその境界にあると自分は思っている。またわれわれが精神的不満を感ずるということには、その半面にすでに満足を感じているということをも同時に意味しているのであるということを忘れてはならぬ。答は問の中にある。これは禅宗の常套語《じようとうご》であるが、疑いの裏には信があるというのである。叩《たた》けよ、しからば開かれん、ということはこの辺の消息を如実に伝えているものである。尋ねるということの半面にはすでに分明であるということとを意味している。であるからこの辺のところから見れば、不満のあるところ、すでに満足がある、否、満足の可能性、満足の予期とも言い得られるものがあるのである。

いったいわれわれが精神的に不満を感ずるのは、われわれの生命その他すべての事柄において限りがあるところに気がついて、限りのない事物に対して、ある不安を感ずるところにこの精神的不満というものが発生してくるのである。「俺たちは一生苦しみ通すのか」というような疑問は、よくその時に提出されることである。この苦しいということに気がついたときには、すでに前の論法を持って行けば、その苦しみの中に楽しみが芽を出しているのである。苦は畢竟《ひっきょう》して脱せられ得るのである。われわれ人間は社会的にもまた個人的にも自由を求める。しかるに外界にはわれわれの自由を邪魔する物が無数にある。それゆえに、われわれは心に不安を感じ出すのである。そしてこの不安あるがゆえに、人間には、天界にあっても動物界にあっても得られぬ不可説の妙境があるのである。

さてまた浄土宗方面で力説されている「浄」、すなわち、浄《きよ》いということであるが、われわれには生まれながらの罪があり、われわれは生まれながらにして穢《けが》れている、それゆえどうかしてこれを免れて罪のない、清浄なものになりたいと願うのであるが、そこに宗教の一つの意識というものが動き出してくるのである。そして人間というものはどうも苦を感ぜずにはいられないようにできているとみえて、われわれが現実の世界に当面して自らの要求する事と現実ありのままの世界なるもの、言い換えれば「在る事」と、「在りたし」

という二つのものがとかく矛盾衝突するのである。ここにおいてわれわれは精神的不満を感ぜずにはいられないのである。事実の上ではそうであるが、自分の心に返って静かにその囁《ささや》きをきくと、事実と希求との間に隔たりのあるのを感ずる。そうした場合を経験してくるごとに、われわれは自分の心にますます不安を感じてくるのである。

孔子の論語の中に、「十有五にして学に志す」という言葉があるが、これは孔子が十五歳にして初めてこの「ある」と「ありたし」との両者の矛盾に気がついたのであって、そして、それから漸次に深い内省的経験の生活にはいられたことを意味しているのである。現今、心理学者の説によると、男は平均十五歳くらい、女は十三歳くらいでこの精神的な動揺を感じ始めると言われている。それならばなぜ今まで何も心配しなかったのにこの時代に至ってそんな不安を感じ出すのかというと、第一に子供の世界は決して分裂しているものではない。自己に気がついているものではない。それがこの年ごろになって何かの障害物を薄々と心の中に感じ始める。そしてこのころからして、子供の心が内面的に分裂を始めてくる。そこに初めて自己を観照する時代が来るのである。またこの年ごろに、このような経験を持たなかった人も、後になって病気になるとか、また事業に失敗するとかして、初め感じなかった精神の動揺を経験するものである。あの宗教革命の大立物であったルーテルは、ある日親しい友人と野原を散歩していたとき、突然雷雨となって友人はその場で雷に打たれて惨死した。そしてそのそばにいたルーテルは初めて人生の無常を深く感じて、それから彼は宗教の研究にはいったと伝えられている。このようになんらかの条件による心の激変はすなわち宗教的意識の発芽を意味している。すべて人間は自己分裂を感じ始めたところに宗教心の芽ばえがあるのである。心理学者は、なんらの自覚のなかった子供の時代がすんでから、初めて外界の抵抗に際会して、翻って自己を見つめるとき、初めて宗教意識がそこに発生するものであると教えているのである。

そんな風に宗教は、病気になったり、事業に失敗したり、その他すべてなんらかの故障に会って、そして心の平静が破れて、初めてその萌芽《ほうが》を見せるものであるからして、宗教というものはすべて病的であって、健康な人間には必要でないなどと言う人もあるくらいである。しかし、これは言うまでもなく愚説であって、そうした機会なるものは単にその人の宗教的萌芽を培養する一つの肥料にしかすぎないものである。その物の生ずる機会は常に機会であって、決してその物の真価を計るべき尺度とはならないのである。機会は単に偶然で、必然のものが偶然のものに当たってできたというだけの話である。必然性を帯びている宗教の真価値というものは、偶然性を帯びた機会とは何の関係も持っていないのである。

自己の分裂する時代、一つは事実の我であり、一つは自己の中において価値を求める価値の我である。この二つのものが矛盾するところにわれわれの苦しみは存するのである。有名な生理学者のメチニコフは生物はたいがい生殖を遂行すると同時に悦《よろこ》んで死に就く、それゆえに人間もある一定の年齢まで生きたら、その後はいつでも悦んで死に就く時代があるに違いない。ゆえにわれわれはもっともっと人間の老衰ということを考えてみなければならないと言っているが、これは科学者が科学の立場から見てこういうのであって、われわれから見れば人間にはいつまで生きていても、もっと長く生きていたい、という気持は離れないものであると信ずる。ましてや悦んで死ぬというような時代の必然的に来るということは信じられないのである。この問題についてはさらにさらに深い根本のところにその解決を求めるべきであると自分は信じている。

近時の科学は価値の世界に対してさらにさらに深い根本的な研究をなすべきことを忘れて、この生物我ないしは個我の研究をその出発点としているがために、今日の科学の進歩というものは単なる事実の世界に対してのみ成功して、われわれの内面的な欲求の世界に対してはなんらの糧をも提供してはいないのである。われわれは真の自我でないところの生物我を殺さない以上、または科学の最も根本的なその立脚点を改造せぬ限り、人間はやがて全部滅亡するものだと自分は考えている。人間には誰の場合においても、この事実の世界を超越したところに価値の世界を建立すべき熾烈《しれつ》な欲求がある。それであるのに科学というものは最も人間の必然にして不可欠なるその本性の一部分を完全に否定し去ろうとしているのである。彼《か》の浄土というものは単なるお伽噺《とぎばなし》ではない。浄土くらいはなくてはならぬ、という欲求——これは迷いではないのである。いずれ後にこの迷いと欲求との相違を説くこととするが、この欲求は人間には最も必然的なものであらねばならないのである。以上述べ来たったようにわれわれ人間には内面的な分裂というものがある。しからばわれわれには、この分裂というものを救うべき方法ありや否や、曰《いわ》く二つの方法があると答える。その二つの方法を挙げてみれば、すなわち一つは知的宗教によるものであり、一つは情的宗教によるものである。だいたいから見れば仏教は知的であり、キリスト教は情的であると見られもするが、また仏教の中でも禅宗などはその知的な傾向を代表するものであり、浄土宗や真宗などはその中での情的な方面を代表するものである。しかしこの二つの区別も絶対的のものではなく、知的の中に情的があり、情的の中に知的な分子があるのである。なぜならば人間というものは元来分析せらるべき性質のものでないのである。ところが今日では人間も人間と見ないで一個の機械と見てこれを分析する結果、概念が固定して来る傾向がある。これは人間に取って最も恐ろしい見方をするものであるということを考えてみねばならぬ。生きた人間は元来総合的である。だから以上のように両方面といっても必ずしも二つにこれを分ける必要はちょっともないのである。

さてそれなら次にこの解決策がいかなる具合で運んで行くかということになる。それについてはここに一つ回心《えしん》ということについて、一応説明しておこうと思うのである。いったいこの回心ということには、俗にいわゆる窮して通ずるということの、その通ずる事を意味するのであって、われわれの内面的生活においても、この「通ずる」という事実がいくらも存するのである。

仏教ではこれを回心という。知、情そのいずれからはいるとしても、われわれはこの窮してニッチもサッチも行かぬところに迷い込むことがある。また宗教そのものの段取りが多くそのようにでき上がっているのである。すなわち大いに窮してその窮地から忽然《こつぜん》と脱出する、これがその回心の意味の内容である。ところがこの回心ということは必ず自己の内心から迸出《へいしゅつ》するものでなくては駄目である。人間はそうした経験によって初めて更生することができるのである。しかしこれは何が何でも自分でやらねば役に立つものではない。外部の人々はこれを見かねて、何とか救ってやりたいと種々の方便を講じてくれるが、いくら外部で種々の方便を講じても結局は自分自身で大死一番やった上で、そしてひっくり返って来ない以上は駄目なことである。けれども駄目だといって駄目で捨てておく訳にもゆかないので、ここに人間の社会性が美しく活動し始めるという事実が現われて来るのである。しかしながらまた、他から施された方便や手段はいつまでたっても方便であり手段である、自分で本心一変せぬ以上はこれは真の回心とは言い得ないのである。知的である禅宗はこの事を悟道と言い、他力宗では安心《あんじん》を得たというのである。

いったい禅宗はどこまでも知的な宗教であるからして、これにはいるには何にせよ幾何《いくばく》かの知識が必要である。他力本位の宗門ではこの知識ということを全然排斥するが、しかしその知識を排斥するところまではいってゆくには、かえって無非常な知識と非常な努力とを必要とするのである。知識の無用が考えられるのはただでき上がった人、回心の人々から見ての話なのである。

ここにおいてわれわれが悟道ないし安心を得る上に知識は必然の前提と見ることができ得るのである。自己の内面における分裂を救い、またはこの事実の世界から脱出して完全なる価値の世界を建設しようという願望が生まれて来るまでには、そこに全体を達観するに必須《ひっす》なる理知が必要である。自分が関係のどの位置にいるのか、そういうことを自知するのには当然反省するということが必要である。そこでそうしたところに知識の必要ということが考えられるのである。宗教そのものに知識は不用であるが、しかしそこまではいって行く前提として、または宗教そのものの真の活動を始めるまでには、どうしても知識の必要なることが認められるのである。ここが大事なところである。阿含経《あごんぎょう》に仏が菩提樹《ぼだいじゅ》下《げ》に修行せられてついに三菩提を証せられ、ついに悟道せられたという事実を説いてあるが、この境地にまではいるには、仏も四諦《したい》十二因縁というような苦しい途《みち》を通って来なければならなかったのである。これがなくては、すなわち知識の苦しい修練というものがなくては、回心と悟道もできないことが証明されるのである。(この阿含経という経典は梵《ぼん》語《ご》で Āgama と書いて、訳せば聖語というくらいの意味である。三菩提とは阿耨多羅三藐《あのくたらさんみゃく》三菩提《さんぼだい》 Anuttarā Samyak Sambodhi のことであって、これを訳せば無上正等正覚《むじょうしょうどうしょうがく》というほどの意味になるのである)

第二講　何を仏教生活というか

仏教の構成分子――仏陀の人格、体験、法、仏弟子等の体験と菩提心――仏教的経験の一大流れとこれに注ぎ込む無数の支流――この精神的大河流はインド、中国、日本においていかなる波を揚げたか――仏教生活の基調――三菩提

私は今、仏教生活という字を使うのであるが、これは仏教徒あるいは仏教主義者とでもいおうか――新熟語といえば新熟語ではあるが、畢竟《ひっきょう》するところ、仏教徒としての生活ということになるのである。仏教者としての生活にその中心となるべき思想があるとすればそれは何であるのか、それをここで考えてみたいというのである。ところで、それを論ずる前に、まず私は仏教というものは何かということを一つ詮議《せんぎ》してみたいと思う、あるいは定義してみたいと思う。しかも、これがはなはだ明瞭《めいりょう》を欠く問題なのである。われわれはこの日本なら日本に生まれているので仏教は平常よく見聞しているところなので、たとえば禅宗とは何か、真宗とは何か、真言宗とは何かというても、それについて何ほどかの概念は持ち合わせている。ところが、何も知らない人がいて、禅宗とは何かというときには、それが仏教であるか否かの問題に、当然出くわして来る。ことに近ごろは外国でも、

日本でも、インドにおける原始仏教といって、仏教の初めにおける教理を研究するところの学者がたくさん出現した。その人々によって、この原始的仏教の意味がだいぶ明瞭になってきた。したがって仏教全般に渉《わた》る知識もよほど進歩し、また明確になった。そこで禅宗ということについて話を聞くとなると、禅宗というものは、今新たに得た仏教に対する了解から見て、果たして仏教であるのかどうかという疑問が当然に出て来る。アメリカの宗教学者でプラットという人が日本に来て、私に尋ねて言うには、「いったい禅宗とは何であるか」と。その人は宗教学者として本国では第一流の人物であるが、さらに問うて言うには「私の学校へも日本の学生が時に来ることがある。そして禅宗をやったなどという者もあるが、禅宗をやったならば四諦《したい》とか十二因縁《じゅうにいんねん》ということは禅宗でどんな風に解釈するかとこう質問すると、そういう四諦とか十二因縁ということは聞いたことがない、禅宗では四諦とか十二因縁ということは認めませぬと、学生たちは返事をした」というのである。ある点からはこの答にも意味があるが、普通には不思議なことと思ってよい。いったい仏教というものの根本教義は四諦とか、十二因縁とか八正道《はっしょうどう》というものでなければならぬのである。しかるに仏教の一派であり、末流であるはずの禅宗が、その仏教の根本的教義としているところになんらの関係がないというならば、果たして禅宗は仏教であるのかと、こんな風に尋ねられるのも、それはもっともである。こんな質問を受けてから以後、私は従来禅宗というものも、皆一緒に仏教という名称のもとに引っくるめておいてなんらの疑いをはさまずにいたのであったが、ここに至って、なるほど、歴史的の研究ということも必要である。単に今現在のままの宗教を――仏教と称するところの宗教を、現在の状態のままに研究するに止まらず、やはりこれを歴史的に研究するということもはなはだ必要だということを偶然ながら考えついたのであった。そこで、それから、それについていろいろと考えもし、また本も読んでみたのであるが、その結果は、この仏教というものを、もっと広い意味に取らなければならぬ、人は一概に仏教は仏の教えだというけれども、しかも、その仏の教えという言葉の中に多種多様の意味が含まれているものだ。そこでその意味なるものに考えいたらないときには、人が仏教だ、仏の教えだ、なんだ、かだと言うても、畢竟はそこに一定の共通普遍の標準を見出し得ないということになるのだ。これがその後に私の考えついたことなのである。

そうとすれば今度は仏教というものは何であるのか、それを構成しているところの要素は何かというように考え、果たしてしからば、いったい、どうして禅宗というものを仏教ということができるか、またどうして真宗を捉《とら》えて仏教ということができるのであるのか。それを考えてみるとする。禅宗などにおいては、四諦とか十二因縁ということは知らぬという。真宗においては南無阿弥陀仏《なむあみだぶつ》と称《とな》えると極楽往生するという。こんなことは、原始仏教として伝えられているところの経典には、その形跡は少しも見えぬのだ。しかるに、その反対に、仏教とは何かというときには、禅者は狗子《くし》に仏性ありや之《こ》れなしやというように出てくる。また真宗では、弥陀の本願、すなわち是《こ》れ仏教であるという。そしてこんなことが原始仏教の上にその面影を認むべきでないとしたなら、禅宗や真宗を、どんな意味で仏教というべきか、そもそも仏教とは何を言うのかと、こんな問題の解釈に当然渉るであろうと思うのである。

そこでそれには仏教というものに三つの要素を考えなくてはならぬ。あるいは四つあるといってもよいかも知れない。第一は仏の人格である。この仏の人格というものが仏教という名題を構成しているところの一つの重要な因子である。仏の人格がよほど大きかった、偉大であったということが、しぜん社会に人格的に甚大な影響を与えたらしく思われるものがある。この仏の人格が偉大なるがために仏教が今日まで仏を中心にして動いているのだ。宗教というものは、それがいかなる宗教であっても人格が中心にならないものはない。原理というか、原則というか、これが実際の働きになって動いて行くには、どうしても人格というものが中心になければならぬ。ところで、仏がこの人格において、いかに偉大であったかということをどういう点で見出し得るかというと、それは無量寿《むりょうじゅ》経を見てもわかる。この経には仏のお顔を光顔巍々《ぎぎ》といっている。つまりお顔が光って山のごとく堂々としているというのである。また仏のご身体については、仏の身体というものは、普通の人間の肉体以上であって、種々の尊い金色の光明を発しているというのである。これらの事実はこちらの心から向こうの仏に箔《はく》を塗ると見てもよいし、また客観的に、仏自身が光を放つものと見てもよい。しかし、ここで問題とすることは、とにかくこういう事象があっても、そこにこれを生きた動かすことのできぬ経験がないと、仏教という伽藍《がらん》ができ上がらない、これをでき上がらしめることはどうしてもここに人格というものが出て来なければならぬ。これが光である。この光で釈迦《しやか》という歴史上の人間が包まれて、これが仏教の中心となったのである。舎利弗《しゃりほつ》であったかと思うが、とにかく、釈迦の弟子の一人が道を歩いていた。そのころのインドという国は、現在でもそうだそうであるが、ことにそのころは、哲学者や求道《ぐどう》者という者がはなはだ多くいたらしく思われる。その求道者、哲学者の連中は、彼がいかにも従容たる態度で途を歩いて行くのを見て、「お前はいかにも安心をして平和な顔をしているが、何を見てそういうことになったか」とこう問うたというのである。すると舎利弗が答えて、それは釈迦瞿曇《ゴータマ》というものである。この瞿曇から教えを聞いた、そしてその教えを聞いたがために、私は安心を得たというのである。そうしてその安心の結果としていわゆる徳は身を潤おすということになったのである。それからその求道者は釈尊に帰依することになったという。しからば、そうして多くの人々に帰依されるに至った釈尊という方は、どういう様子の人であったかというと、いかにも神々しい光明を放っていたといってもよいほどに、犯すべからざる威厳があった。しかもその威厳のために近よることができぬかというと、そうでなくして大いに近づきやすい、大いなる情けのある父のような慈悲というものを自分の胸の中に包んでいたという。ただに神々しい光を放つ威厳のあるばかりで、この慈悲というものがなかったならば、釈迦の教えというものは、いかに真理にかなって、論理的であっても、ただそれだけでは無駄ごとである。その奥に何かなければならぬ。われわれが「なるほど」と聞くだけでは、また「いかにもそうだ」といっただけでは、そのことを本当に信じたということにはならない。「なるほど」だけでは、力がない、命がない。われわれが人の言うことを聞いて信ずるということは、その言うことが本当であり、論理的であるということだけで、必ずしもそれを信ずるということにはならないのである。まず言うことが本当でなくてはならぬが、その外にその言っているところの者の人格が、その真実の中に加わって来ることが必要である。論理や事実の上に、人格が加わるというと、われわれはその説以外に一個の圧迫を感じてくる。つまり、信じなければならぬというような心持をさせられてくる。しかも、これがいちばん大事なことなのである。これが一切の宗教をしてただ教えということだけではなくて、どうしてもこの人格というものの加入を必要ならしめるゆえんなのである。教えだけではいかに真実でも決して十分でない。そこに尊いということがなくてはならぬ。道の広まるのは、その教えによるのではなくて、その人によるということはもちろんで、人格というものがそれに加わるというと、二と二は四になるものが、五になるという事実が生じて来るのである。これが信ずるという事実が生む奇蹟《きせき》なのである。また、これが人格の力の不思議なところである。人格というものは真理以上の一つの力をもっている。矛盾があってても、多少不合理なところがあっても、そこに人格なるものが加わるというと、それを肯定するところの働きが、自然に含まれてくるものである。私どもは畢竟するに、こんな塩梅《あんばい》に仏教を信ずるのである。釈尊の教えというものが、無我であるとか、十二因縁であるとか言ってあるが、それは自分に言わせると、そんなにある学者のようにやかましく言わなくてもよいかと思うのである。とにかく、真理以外の力が加わるために、言うことが多少道筋を違えていても、その言う主が、一種の威厳をもってこちらの上に臨んでくると、われわれはどうもこれを信じなくてはならぬということになる。宗教の広まるには人格というものがはいらねばいかぬ。親鸞《しんらん》聖人は、「自分は法然《ほうねん》上人のことばを信ずるだけだ。地獄に行っても極楽に行ってもよい、師法然上人の行かれるところであってみれば私はただそこに行くだけだ。地獄でも一人でない、自分の師匠のいるところだからさしつかえない」と言われている。この人をして絶対の他力を恃《たの》ましめる、如来の人格の力というものが、すなわち宗教の背景をなすものである。仏教というものを信ずる上においては釈迦の人格を離れておったならば駄目である。これをいかにしてもその中心に置かなければならぬ。ときどき、禅宗の人は、道と人とは別物であるかのように説くが、それはまだ本当の道を知らぬのである。禅が一種の哲学組織なら、とにかく、そうでなくて宗教だというなら、最も人格の力を背景に持たなければならぬ。

次には釈迦の経験——体験——実験、これがことに重要な事柄である。これについては人格というものと区別しなくてもよいではないかという人もあろう。人格というものはその人の経験の連続が人格を作るものであるから、特に経験といわなくてもいいという説があるかも知れぬ。それも一理であるが、私は少し説を異にする。人格の力というものは渾《こん》然《ぜん》とした一つのものになってこちらに来るものである。けれども経験は——個々の事件として生活の上に起こった意識——それが経験というものである。そこでそういうことにしておいて、しからば、こちらに力を加える釈尊のそうした事件にどんな場合があったかというと、これを概略して言えば、私は釈尊の一代においてこの重大な事実がその中心になっているものと認めている。それは成道《じょうどう》ということと涅槃《ねはん》ということである。他の宗旨では成道会《え》ということは重要な関心事としていない風であるけれども、禅宗では成道会というものを十二月八日に記念するほどに重大なことにしているのである。これも実は十二月八日ということも果たして暦がそうであったかわからぬ、とにかくそういう風に歴史上の史実というものを十二月八日ときめたのである。そうきめておく方がよろしかろう。それが十一月三日であるかも知れないが、何かの拍子に十二月八日ときまってしまったからそうときめられてあるのかもしれない。さて、その十二月八日を成道会という。亡くなられたところの二月十五日を涅槃会《え》という。ところで、仏教徒はこの二つの事実をよほど重要な事実と見なしている。というのは、どういう意味であるかといえば、宗祖の一代というものは、その宗祖の流れをひいている人の心に非常に影響を及ぼすものである。釈尊の一代においても同様である。死ぬるということは誰もが、死ぬることであるから、釈迦もわれわれも、死ぬることであるから、その点においては、大してやかましく言う訳はなかろうと思われる。けれど、その実、そうでなくて、これをキリストの死という事実と、比較してみるというと、明瞭《めいりょう》にその意味がわかって来る。キリストの一生というものは、実際伝道をやったのは、三年間ぐらいと記録になっている。その三年の間の記録というのは、キリストが年齢からいえば壮年のためでもあったろうが、ずいぶん激烈に、猛烈に、伝道している。そしてその猛烈な生活を三年やったが、結果はどうであったかといえば、それは十字架に上ったということなのである。しかるに、これに反して、釈尊の一代というものは、成道から四十九年、その間一字不説という具合に言われている。そして釈尊にして、もしそういう具合に生涯を過ごされたものとするならば、その八十年というものはいかにも平和な、なんらの事もなく、従容無為に終わられたに違いない。ところで、その生涯にしてそのように平和であったということには、涅槃ということが、よほど意味があることと思われる。なにゆえとなれば、この涅槃はどういう形式で行なわれたかといえば、仏は伝道の途中に入滅せられたのであるから、そのとき集められた弟子たちは付近から集め得られるだけの弟子であったに違いない。したがって、それはあるいは一人か二人であったかも知れない。阿難《あなん》がいつも一緒におられたということであるから、あるいは阿難一人であったかも知れない。とにかく、その近くを伝道している弟子を集めてのことであるから、大した数でなかったと思われる。しかし、それはとにかくとして、その場合釈尊はそこに安詳として、私はこれで縁がつきて死ぬる、——もっとも、いつまで生きていても、よいのであるけれども、衆生に無常を知らしめるために、涅槃にはいるのであるということをお示しになったものだと書いてある本もある。——そして、いよいよ息を引き取るというときに「私が死んだ後には法というものを、すなわちダルマというものを、自分と同様に考えて、そしてよくその法を守って行ったらよかろう」と、いかにも諄々《じゅんじゅん》と訓《おし》えられたといわれている。ところでこの光景は、私は思うに、その当時のその周囲に集まった人々の上によほど深い印象を与えたものであったろうと考えるのである。今日においても釈迦の涅槃像、釈迦の涅槃の絵というものが至るところにかけられている。生まれたというときは、誕生会または降誕会といって、ちょうど陽春快適のころに当たるので、花祭りとか何とかで、都会においては、今はだいぶ盛大にお祭りするようになっている。それから、釈尊が生まれられたときには「天上天下唯我独尊《てんじようてんげゆいがどくそん》」と言ったとなっているけれども、これは後から、仏教経験の上から加えたとの話である。生まれたというときの記念になるのは、これはただこういう大人格が出て、この大地に大きな跡を残したという記念にすぎないと思うのである。涅槃というほどの心持をこれから受けるということはなかろうと思われる。それはとにかくとして、釈尊の涅槃は、「是生滅法《ぜしようめつぽう》」ということよりも、「なすべきことはなした」という、いかにも平和な落ち着いた心持を、仏教では象徴しているように、自分は感ずるのである。

さて次に成道ということになると、これは今いった人格ということ、体験ということと分かれて来る。しかしこれは次に言うところの釈迦の教えというものが第三の因子として仏教を構成している上に、重要な関係があるのであるから、私はそれに関連して述べたいと思っている。普通に言うと、仏教といえば仏が述べたものということに考えられている。しかしこの教えというものを解するには一つの眼をもって見なければならないと思われる。それはどういうことかというと、仏の教えというものは、なるほどその中に仏の深い真理が説かれているには相違ないけれども、その当時仏が説かれた言葉を、その形のままで、今日もなおそれを信じて行くということは大いに疑いを存してよいと思う。仏の教えというものは、仏在世時代の人々の意識に映ったところの知恵、その人々の意識以上には出ない。仏の人格は千古、万古、狂わないでありましょうが、その教えということについては、今日はずっと進んだ教えを説くことが可能である。こういうと、人はあるいは誤解をせられるかも知れないが、その教えの中に含まれている真理というものは、今日われわれがもっている意識に適合するように、論理上の運用ができるのである。釈迦の使った言葉そのままよりも、分析が細かくなって来ている。論理の上の研究ということからすれば、釈尊当時よりも、ずっと進んでいる。今から二千五百年前の仏の教えというものは、仏が成道という自分の経験を土台にして、それを釈尊がその時代の人の知恵によって説法したまでのものなのである。ただしこの教えの背景には、いつも釈尊の経験というものがあるはずである。教えというものは、経験と道理というものが、お互いに結びつけられているものとして考えられるので、教えが単に教えるということだけであってはいけない。それを文字通りにとってはならぬ。文字通りにとるということになると飛んでもない間違いを生じて来る。というのはなぜかというと、これは仏教のことにはまったく未知である人々にとって、それは何の関係もないような話であるが、しかも、もしそういうことを研究すべき興味をもつ人々にとっては、研究してよほど面白いことである。ゆえに一言参考に付け加えて述べると、中国においての仏教史というものは、煎《せん》じつめると、釈迦一代の蔵経というものに対して、しかも、そのうちに種々雑多の矛盾がある、衝突がある、それをどうにかして調和したいというようなことにのみ腐心していたものなのである。日本の仏教というものも、今日に至るまでは同じくそういうものだということになっている。新時代の学問をやっている人々の中では、必ずしもそうでないかも知れないが、昔のままの考えをもっている人は、釈尊のこのいわゆる一代蔵経というものを五時八教というように分けている。法華経《ほけきよう》というものがあり、無量寿経というものがあり、華厳経《けごん》というものがある。しかもこれらの経文の間における思想というものには、その性質としてどうしても調和のできにくいものがある。これはどういう風に調和せしめて行くべきものであるのか。釈尊という人物はわれわれの救世主である、その釈尊の教説に種々矛盾したものがあっては困難である。一方の経に説かれている教えと、他のお経に説かれているところの教えとその間に矛盾があってはわれわれの力では解決ができない。それは経典の矛盾である。仏は病人のために薬を与える。種々の病に飲ませるいろいろの薬があるように、種々の説法をしたのである。それは、仏がその人の具合のよいように、子供は子供に、大人は大人に、女は女に、都合のよいように、いろいろの経を説かれたためである。のみならず、釈尊という存在は、成道の後、四十九年間生きたのであるから、その間にいろいろの説法をとり込んでいる。その華厳というのは、仏が成道してから、まだ三昧《きんまい》におられた時分に説かれたものである。あるいは法華というものは、それから後に説かれたものである。涅槃というのは、最後に説かれたものであって、阿含《あごん》というのは、初めに説かれたものであると、こういうようにあるいは五時八教と、この教えを割り当てている人がある。あるいはまた人に割り当てて、この経は、どういう種類の人に説かれたものであるという、この説にすこぶる苦心した人もある。であるから、中国の仏教徒はこの苦心に終始したといってもよいくらいである。これを今日の批評的、歴史的態度から見るというと、そういうことはあり得ない。今日残っている経文というものについては、今日、釈尊の金口《こんく》から出た経文というものがどのくらいあるかということは、疑問になっている。そこで、ここに今日私が仏教というものを定義しなければならぬ、その構成分子を十分に吟味しなければならぬという理由が存している。けれど、これも、こういう教えというものが、皆、如是《にょぜ》我聞《がもん》となっているのではあるが、しかも、この経文の表現形式というものも、これはそういう文学上の一つの形式であるにとどまって、その形式が必ずしもその通りの事実であったということではないのである。そこで、こう考えてくるとき第四の因子ともいうべきか、仏教というものを構成しているところの第四番目のものに考え及ばなければならないのである。

　これはどういうものであるかというと、仏自身の人格と体験と、及び仏の教えというもので、仏教が構成されているというのではなくして、仏以後の仏教者の生活の体験というものがはいって来なくてはならないことを認めることである。これが第四の構成因子になるのである。ここに至って仏教というものも初めて生きて来るのである。これを仏の人格と体験と教えだけにして生きるものとすると、仏教というものは、あるいは化石してしまうかも知れない。そうすると、仏教は生きているということにならぬ、仏教を信ずる人の心に生きて来ることが不可能になる。仏教というものが発生して、ここに二千五百年という今日まで伝わってきた、その命脈不断なりしその原因が何であるかといえば、そこに生命があるからである。しかもその生命はどこから来るかといえばそれこそ、いかにしても仏教徒の、すなわち仏教の生活をやっている人々のその体験とその思想というものがそれに加わって動いているからである。そして、これが第四の因子となって仏教を実際に生かすものであるから重要である。さてまた第四の因子ということを考えると、われわれは仏の教えというものをそのままにとるということは、どうしてもできなくなる。仏の方では病人にくれる薬は一つであるけれども、われわれはむしろ、われわれがその薬を自分の病の治るように変えて飲む、こういう風にその薬に対する態度を解釈していってよいと思う。今までの解釈は仏を中心にして仏が病人によっていろいろの薬をくれることになったのである。けれど、今日私の解釈になるというと、仏は一つの薬をくれるのであるが、それを自分の身に合うように変えて自分は飲むのである。そこに仏教徒というものには仏教徒としての個人の力というものが加えられて来なくてはならぬものがある。今までは、ただ自分の心というものが空虚であってその中に仏の人格、教えというものをしまい込んで行けば、それでいいということに感ぜられたかも知れないのであるが、今やその反対に私一個の考えによれば、人が自分は仏を信ずるというならば、その人の信ずるというその心がやはり仏の経験の上に加わってゆき、仏の教えに加わってここに自分だけに入用なものを創造する。その人その人に入用なものを創造する、そしてそのものが仏教という一つの流れに加わってゆく、これが大事なことであると思う。仏は原始仏教を成立せしめているのではあるけれどもこれだけでは水が十分に流れない。そこで、後世人がときどきにその流れの中に自分のものを加えて、従来の偉大さを、持続すると同時に、さらに何かまた勢いを加えて行く、こういうことにならなくてはならぬ。これには僅《わず》かに寄与したものもあり、あるいは大いに寄与した者もあるかも知れない。たとえばインドにおいては竜樹菩薩《りゅうじゅぼさつ》、天親菩薩《てんじん》というような偉大なる知識者になると、もとの流れに一段盛んなる流勢をつけたというようなことになるであろう。また中国においては達摩《だるま》とか智者大師《ちしゃだいし》とかあるいは善導《ぜんどう》というような人々が、仏教のためによほどこの勢いをつけた。日本では親鸞聖人《しょうにん》、法然聖人、日蓮聖人《にちれん》、また、禅宗では、近来なら白隠和尚《はくいん》というような人である。彼らはいずれもこの流れの中に偉大なる自分の体験というものを注ぎ込んだ人々である。また濁れるをば澄まし、停頓《ていとん》せるをば流通せしめ、そうしてその流勢を盛んならしめたところの人々である。またわれわれのような下らない者にしてもやはりその流れの中に幾干《いくばく》かの力を注いでいる。この世界にいかなる大人物という者が出て来たとするとも、それに較べて末輩下等と言われる者でも何の必要もないものとは決して言い得るものではない。その大人物というものの下を歩いていてほとんどなんらの役にも立たぬものと思われるところの人間たち、そうした人間たちがいないというと大人物も活躍ができない。それを活躍させる糧となるものがある、それがわれわれのような下らない人間である。われわれはお互いに集まって、しかも何にも目に立たぬところにいて、そして大なる仏教そのものを動き出さすということになる。つまり、こまかいことながら、それで役に立っているということになる。小さい仏教者であるといっても、そこに一人の仏教者がいるならば、それだけ、そこから大人物を引き出させる機会が備わっているというわけである。それが土台となって、その上に仏教の大伽藍《だいがらん》というものを据《す》えつけるのである。今日の言葉では、大衆とか民衆と言っているが、いずれでもよろしい、その土台になる大衆なる者が、広くなかったならば、その上に居坐《いすわ》るところの人物というのも大きくはないのであって、役に立たない。一個一個の仏教徒の仏教生活というものがそこに蓄積されるからして大人物を載せうる土台ができるのである。だから仏教というものを、ただ仏の教えとか、仏の体験というものに限らずに、仏教徒の生活の体験というものを、大きい者は大きいなりに、小さい者は小さいなりに、仏教という主なる流れの中に注ぎ込む。大きい者の流れは立派で小さい者の流れは立派でないとは言い得ない。小さい者は小さいだけに、それ相応に、自分にこの仏教生活をその流れの中に注ぎ込む。これを山を造るに譬《たと》えるとよい。大人物は何百人何千人という人がよってするだけの仕事を一人でして、そこに土を盛り上げたとするならば、われわれはホンの一片《きれ》か二片の土を加えるようなものである。しかし、加えないというのではない、一片だけでもそこに盛っているのである。したがってそれだけの力をのせているはずである。こういうように見るのである。ところが、そういうように考えて行くと、仏教はあくまでも生きて進展増大するものであると、こう見てよいのである。生きたものと見なければ、宗教は死んだものになってしまう。「仏教の流れからわれわれは栄養分をとってそれによってわれわれを栄養し、そしてその成果をさらにその流れに注ぎ込んで行く」、私はこういう風にどうしても考えなければならぬと思っている。

それであるから仏教というものは、そういう四つの分子からできているとすると、畢竟《ひつきよう》、仏教的生活とはどんなものであるかというに、仏教徒の生活とは、その宗教的意識の流れの中に自分の力をば加えて行くものだということになる。その流れから栄養分をとって、それを自分のものにして、自分の力をまたそこに加えて行く。ちょうど国に税を納めるのと同じようなものである。われらは国からいろいろの栄養分をその生活の上にとるが、またその国の栄養分によって、われらは国に税を納める、それで国は国としての費用を弁じて行く。そういった関係である。そういうことになるというと、私どもの仏教生活はどういう風になるかというと、その関係はただ個人だけに、自分だけに止まらず、直ちに仏教というものの中に、すなわち全体に対して大いなる影響を及ぼすものであると、私は考えている。これはどういう点において重要になるかというと、静かな力と動く力というものがある。静かにじっとしているものと、動いているものと二つの力がある。静かなものも大事であるけれども、動くということもまたよほど大切なことと思う。今まではこういうようなことは忘れがちであった。それは、動いて行くという方面を見ようとはしないで、ただ仏の教えというものを、そのまま守って行くというのであった。けれど、そうでなくしてこれは動く力という考え、生物的という立場から考えてみると、この仏の教えというものもだんだん延びて行くものである。働きが強くなって行くものである。内容が豊富になって行くものである。そして、こういう風に考えると、仏教というものは、いつも一つの型を守るものではない、いろいろの型をとって現われて行かねばならぬものである。すなわちそれはいろいろの生活相を呈するものだと言ってよいと思うのである。

それで仏教を構成しているところの諸因子は、仏の人格、仏の体験、その他、第三には仏教徒の各自の経験、体験と思索というものを、仏から得たものに加えて行く。それで経文というものがいろいろにできて行っても構わぬということになる。ここに一尺四方の石があると仮定する。三千年、四千年の長い間変わらないというならば、その石は死んだ石である。けれどもこの一尺四方の石というものがだんだんと大きくなって行って、そこに千代に八千代に苔《こけ》蒸《む》す巌《いわお》となるというならば、その石は生きた石である。われわれはこの生きた力というものを見て行かなければならないのである。かくのごとくこれを考えると、昔の中国の仏教者が、五つの時を分けて、これが法華《ほっけ》を説かれた時、華厳《けごん》を説かれた時、これが阿含《あごん》を説かれた時、という具合に、時を系統的に考え出して、そして釈迦《しゃか》の一代の説法に当てはめなければならぬという必要はない。仏教徒としてのわれわれの経験というものは、われわれだけではなくて、そこに仏の経験が加わっているものである。仏教徒の体験、思索というならば、その思索体験の中に、源頭から流れ来たところの力が、やはり加わっている。そうすると私が仏教徒であり、仏教生活をしているという、その生活の上には、どういう表現があるかというと、それは個人としての個性的、個人格的表現があるばかりではなく、前にまた中心となった普遍の表現がなくてはならぬ。その普遍性が中心となっている表現は何であるかといえば、これこそ仏の人格、仏の経験、仏の教えというものがその中に現われたものであらねばならぬ。そういう風に解するというと、仏教が昔出会ったような無理な問題が生じないように思う。そういう解釈ができていって、われわれがここに仏教徒として、一人の仏教徒として、生きて行くというところには、その生きて行く生活の中に、他の仏教徒の生活がまたはいっている。そうすると昔の華厳の哲学者の話したように、真中に一つの光を置いてそしてその四方にたくさんの鏡を置くというと、その真中の光が周囲の鏡に一々映る、のみならず、一々の鏡に映った光はまた他の鏡に映る、互いに照らし合う、互いに光が照合するということを、仏教の哲学者――中国の有名な華厳の哲学者が説明をしたが、それと同じように私の議論の上に、私はそれを直ちに応用することができる。私がここに仏教的生活をやっているとするならば、その生活というものの上には、世界の仏教徒の生活がはいっている。それと同時に、こちらの生活がまた向こうの人の仏教徒としての生活の中にはいって行く。互いに養い養われつつここに仏教徒の流れというものは、滾々《こんこん》として昼夜を分かたずという具合に流れるということになる。こういう風に解釈をしてゆくと、ここにおいて禅宗というものが出てきても、真宗というものが出てきてもさしつかえないということになるのである。

しかしこれだけでは、まだ漠然として仏教徒ということ、また仏教の信者、仏教生活ということは、十分な説明ができていない。もっと限定して、もっとはっきりと、どこに仏教徒という、仏教生活というものの内容を求むべきであるのか。ところでこの点に思い及ぶと、私の考えるに、これは仏教生活というものの本質を、阿耨多羅三藐三菩提《あのくたらさんみゃくさんぼだい》という名題に置いたらよいと思うのである。これは正覚《しょうがく》ということであるが、詳しくいうと阿耨多羅とは無上である、三藐は正に当たり、三菩提は覚というに当たると言ってよい。とにかく、仏教の生活というものの中心をなしているところのものはこの三菩提、すなわち正覚ということでなくてはならぬ。歴史的に言うと、仏が菩提樹下において体験した正覚というものが、仏教を通じて主なる潮流をなしているのである。正覚ということ、三菩提ということが中心をなしている。今新しくこの意味を高唱するという必要はないように思われるのであるが、しかしながらこれを言わぬというと、他の真宗などにおいては、意味がはっきりしないようなところがあるように思われる。それでことさらに正覚ということを言うのはそこにある。この正覚というものが、中心思想の流れをなしているのであるが、これさえ調っておれば、仏教の教理というものを——四諦《したい》とか十二因縁というようなものを知っておっても、知らなくても仏教生活をなしているところの人であると、こう言い得ることができると思う。これがもっとも肝心要《かなめ》なところなのである。

仏一代の教えというものは、菩提樹下の正覚ということを一つ説こうとするのが目的である。そしてこれが本になって、仏陀《ぶつだ》の教えというものが表現せられる。しかもその表現というものは何を背景としているかというと、正覚ということになるのである。この二つのものを忘れないように見て行かなければならぬ。正覚というものがなぜそういう具合に、大事になっているかというと、これは仏の一生の上において、いろいろの事件も起こったであろうが、どの出来事にもいっそう増してわれわれの心を動かしている事実は、かつても言い及んでいる通りに涅槃《ねはん》と成道《じょうどう》ということなのである。もし涅槃ということがわれわれにその形式を与えてくれるというならば、成道ということは、われわれに仏教の精神を与えてくれるといってもよかろう。涅槃というものは相である。釈尊の相が現われたものである。その相の由《よ》って来るところのものは何かというと、これは成道、正覚というところにあるものである。この二つはどうしても仏徒として忘れてはならぬものである。それでたとえば真宗というものは、他力というか、また極楽往生というか、念仏というか、いずれにしても、釈迦の正覚ということを離れたように説かれている。それは如来の本願を説く、そしてわれわれのような罪のあるものは、その本願に救われて助かるのであると、こう言っている。しかしながら、しかもよくその経典に表われたその本当の意味を考え及んでみると、それは必ずしも極楽に行くということが、真宗の目的ではないのであって、真宗の窮極の目的はというと、やはり正覚を成ずるというところにあるのである。私はそう信じている。すなわち正覚を成ずるということが、この世は穢《けが》れた世である、自分の業《ごう》はなかなか深い、重い、これを自分だけでは背負いきれぬだけの業を背負うている身体なのである。こういう体であるからして、この世では正覚を成ずる訳には行かない、そこで弥陀《みだ》の本願を頼む、そして極楽へ往ってから、正覚を成ずるということになっている。真宗というものも、禅宗と同じように、正覚を成ずるというのであるけれども、一はこの世において得よう、一はこの世を捨ててあの世で得ようというので、この世をすててしまうというところに多少の新しい分子が入っている、ということも言い得るのである。しかしながら、その終極の目的としているところは、どこかといえば、やはり正覚を成ずるというところに目をおいている。そして正覚を成じたという後で、真宗ではどうなるかというと極楽にじっとはしておられぬ、この世間に再び還って来る。これを真宗の人は還相回向《げんそうえこう》という名をつけている。真宗では時に往相回向《おうそうえこう》ということをやかましく言うけれども、還相回向の方はそうやかましくは言われないような傾きがある。けれど、実をいえば極楽に行ってじっとしているのではなくして、極楽に行ったならば、正覚を開いて、そこからまたこの世界に生まれ返って来る、これをもって私は真宗の終極の目的であると思いたい。そしてこれが仏教において、もっとも大事なことであると私は言いたいのである。釈迦が菩提樹下において、尼連禅河《にれんぜんが》という河辺で、正覚を成ぜられたときに、――これは小乗教においても、大乗教においても、共に一致したことであるが、――その正覚の中に仏陀はおって、そして思ったというのは、「私はこれで涅槃にはいる、正覚を成じた、今まで生き代わり死に代わりこの世に出て来たのは、この正覚というものを成ぜんがためであった、ところが今この正覚というものをついに成じてしまった、これで自分の使命はすんだのであるから涅槃にはいってしまう、正覚と涅槃を一つにしてしまう、たとえこれを世間に伝えても世間の者はわかるまい」こういう風な感じが出たということになっている。これは今日のわれわれの心理から見ても、心理学上の原則から見ても、それが本当である、そうあるべきだろうと思う。また今までの禅宗の人の経験を見ても、また他の修行者の経験を見ても、そうなるべきが本当であろうと思う。ところがそれだけならば、仏教は今日まで伝わっていることはなかったろうと思う。この正覚を世間に伝えてもわかるまいということは知の方である。この者だけならば、仏教は死んでしまう。これだけならば、今日まで仏教は生きて来なかったのである。ところが、ここに知というもののほかに、も一つ社会性というものがある。それは衆生無辺誓願度《しゅじょうむへんせいがんど》ということを禅宗の坊さんが言うのみならず、他の人も言うものであるが、この四弘誓願《しぐせいがん》のいちばん初めのこの偈文《げぶん》は畢竟《ひっきょう》何を意味したものであるかというと、それはわれわれ人間の社会性をその真正面から肯定したものなのである。そしてこの正覚を成ずるということは、個人としての経験である。けれど、この個人の経験というものが、また直ちに社会の経験であるべきはずなのである。個人の経験というもので満足すべきでない、個人経験ということが直ちに社会経験に転ずべきである。転ずるということが穏やかでないというならば、この社会意識からこの個人意識が現われるということに考えたらよい。社会経験というものが個人経験を生み出すのである。そこで個人経験ということだけに注意して、社会経験に注意しないということは、まだ偏していると言ってもいいのである。これを仏教では知と悲と言う。悲とは同情ということである。正覚を成じたというならば、それが直ちに社会の上に及ばなくてはならぬのである。われわれの正覚というものは自分だけに止まらず、これで涅槃にはいるべきものではない。また、これを説いてもわからぬと言ってすましているべきものでもない。この正覚という経験をわれわれは社会経験に帰すべきである。それをさらに進めては、社会経験というものもただに人間社会のみに止まらず、自然界この天地の山川草木国土《さんせんそうもくこくど》にも及ぼすべきものである。

釈迦《しやか》が成道したときに、「奇なるかな奇なるかな、一切衆生草木国土 悉《ことごと》く如来の徳相を具有《ぐゆう》す」と叫ばれたというのもこれである。そういうところに醒《めざ》めたとするならば、社会経験は自然経験に進んで来なければならぬ。社会が成仏するというところに止まらず、自然、草木国土も成仏する。ここにおいて狗子《くし》に仏性ありというような具合で、これが草木の中にはいり国土の中にはいる。われわれが見て下等とする動物もその中に含めておくべきものである。そこですべてが一になる。自然意識とでもいうか、自然界の、われわれの自然界に対するところの経験も、その中の一つに含まれて来るということになると私は信ずる。それがすこぶる大切である。われわれだけではいかぬ、これを社会に及ぼす。社会だけではいかぬ、これを動物に及ぼす、また草木に及ぼすというような塩梅《あんばい》に、そこに渾《こん》然《ぜん》とした一つのものに作り上げる。そしてその中にこの個人というものも、社会というものも、自然というものも、ことごとく含まれてくる。そして初めてここに正覚というものの光が出て来るのである。

これを外のお経に書いてあるところでは、こうなっている。仏が菩提樹下で、正覚を成ぜられた後で、世間ではこれを説いてもわかるものがないから駄目だ、自分はこれで死ぬと言われたという。ところがそのとき、ここに一の波羅門《ばらもん》——梵天王《ぼんてんのう》という神が出て来て、そして言うことには、「そういうことを言われては困る、世間にはわかる者もあり、わからぬ者もある。また、わからぬ者にはわからせることもできよう。仏が正覚を成ぜられたということは、つまり世間を救うということでなければならぬのだから今死なれては困る、どうぞ世間のために説法してくれ」と。つまりこう言って仏に勧めたのである、そこで仏はその勧めに応じて世界に出て説法したということになっている。そうした点もあるかも知れない。しかし今日、ある方面から考えてみるというと、これは戯曲的に文学的に書いたものであるが、宗教意識の働きというものはそういう風にもてあつかわなければならぬ。そこでこうした人物を出してそして一つの場面を作って、印象を強くしたということも一つの方法である、それでこういうことになったのだと考えてみる。これは昔から伝統的に仏教を解している人であるならば、私のこういうようなことは、すこぶる不思議であり、また型にはまらないようにも考えるであろう。けれどもそれは、どちらでもよい。とにかく、そういう風にして、梵天王に勧められて出て来たのだということになる。これは今日においてもある学者が自分はこういうことができるから使ってくれ、われこそは偉いから世間で自分を使ってくれと言う。ところが、これも東洋風な考えに従うと、われわれは自分の徳が備わるというと、自然世間から出てくれと頼まれるようになる、それまでは出ないというのも一つの態度であるのだが、この二つの態度について、釈迦は自分で出てやろうということをしないで、人に招待されて出て来たという風に解釈されている。日蓮聖人は招待を受けずに、自分で出て来て、やった人であるが、人から招待を受けて、招待を待つということになっている方が効果が多い。必ずしもそうでない場合もあるが、いずれにしても、それはよいと思う。前になすべき仕事があると確信してこういう仕事をするには自分でなければできないという確信があって、自分が出てやるという場合もある。また自分は不向きな者であると思っても自分の不向きということを顧みておれない場合もある。しかし釈尊の正覚《しょうがく》を得られたときの考えでは、まったく釈尊自身の宗教意識というものの心理学的に働く方面から考えて、やはり自分だけに止めておこうということになったものと思われるのである。

ところがこの社会性ということ、社会経験ということを、私が今の言葉でこういう風に説明して来るというと、現代の人の心理に正確に当てはまる。そしてなるほどと肯《うけが》わしめるものがあると信じてかく言ったのであるけれど、なおここでちょっと法《ダルマ》の説明をしておく。個人の体験なる正覚というものを、仏が説かれたのを法と言うのである。説法と言うのである。経験をただ経験に止めないでこれを口に出す。これを思索に上せる。これによれば二者は同一であるということは、口に出さなかったならば、思索ということが生じて来ない。しかも、口に出すということは社会というものがあるからである。自分一人であったならば、言語はできない、社会があるから言語ができた、それがために思索ということも可能になったのである。言語は思案の表現形式であるとすると、この表現の形式がなかったならば、思索というものは働かない（必ずしも言語に限らず挙動でも表わすことはできる）が、この思索を思索に止めずいわゆる表現して、そして一つの体系をつくり上げる、そうしたときにこれを法と言う。釈迦は四十九年一字不説と言うけれども、四十九年間説法せられたという点より見ると、やはり表現に言語を藉《か》らなければならなかったことは分明である。われわれには思索が必要である。しかもただ物を考えただけでは駄目で、これを何かの形式で表現発表しなければならぬ。人間というものは、何かで自分の考えというものを伝えるものである。その名はすでに忘れたけれども、去る人で、十年間牢屋《ろうや》におった人だが、その人が感想を書いた本を見たことがあるが、彼は一人いるところから、牢屋の中の蜘蛛《くも》を自分の友だちにしていたということである。蜘蛛のような生物でなくても死んだものでもよい、無情のものでもさしつかえない。何かのものに自分の思いを移してみるというと、自然とその対象が自分の友だちになる。社会性を肯定しないと人間はいけない。イギリスのオスカー・ワイルドという人の獄中記という本にも書いてある。その文の一節に「春になったようだ、牢屋の窓から外を見ると、向こうの木には花をつけている、だんだん春になって来た、自分は牢屋にいるために自分の胸中を話すものがないが、ただ僅《わず》かに花によせるより他はない」という心持を書いている。自分というものを、何か他のものによせぬといけない。菅公《かんこう》が筑紫《ちくし》に流されたときにも「東風《こち》吹かば匂ひおこせよ梅の花」云々と詠じたという有様である。とにかく、何かに自分の心持をよせて、そして向こうのものと一つになる、そのものの心を自分が読む、自分の心を向こうに読んでもらう、社会意識というのは、これである。向こうに自分の心をよせるということは、やがてその草木なり、畜生なりが、自分の心を感ずるということを考えなかったならば駄目である。社会が、自然が自分の心に動く。自分の心が動かされるということは、その中に自分の心に共鳴する何かがあるということに外ならぬ。蜘蛛でなくてもよいが、蜘蛛は草木よりも生きもの、有情であるから、人間の共鳴するところが多いのであろう。草木ではわからぬというが、しかしそこにわかるものがある、ある心をよせてみる。その点から見ると、藤田東湖《とうこ》が「瓢《ひさご》や瓢や我れ汝《なんじ》を愛す」と言ったが、自分の心に感ずるところを、相手の瓢がわかっているから、それを愛するということになるのである。瓢のような無情のものは、われわれの心を解さないというかも知れないが、そうでなくして、ある禅坊主が石に向かって説教したところが、石がうなずいたという。石でさえ点頭したという。その可能性を石にも憑《たの》みうると言いうるのである。今日でも、われわれがやろうと思えばできると考える。そうなると社会意識というものが動く。これが動くから人間というものに大きな力ができるのであると思う。社会性が動く限りは、社会意識がわれわれに現存する限りは、どうしてもやはりここに言語なるものが現われて来なくてはならぬのである。

馬鹿と大天才との区分をつけようとするならば、大馬鹿にも大天才と同じ因子があるかも知れない。ただ天才はそれを表現することを知っているが、それをもたない者が大馬鹿となる。二つの岩があって一つの岩には彫刻者は美しき像を彫り出した、他の一つの岩は何にも手が着かぬゆえ依然として元の岩にすぎない。一方には、立派な天人の像ができている、今一つは岩石にすぎない。ここを考えてみると、馬鹿にはまだ自分を表現するだけの力のもち合わせがないというだけのことである。つまり、表現の機会がなかったのである。大馬鹿と天才とはこれだけの差である。どちらにも同じものが備わっている。馬鹿にも天才となり得るものがあり、天才にも馬鹿となるべき素質がある。ただその力の表現が可能であるかないかによるのである。だから表現というものをしなければならぬ。知るというだけに止めてはならぬ。これにわれわれはいろいろの説明というものを加えなければならぬ。それでいろいろの経文というものができて来たのである。そしてまた、それらの経文は時代によっていろいろに変化して来たということの理も、私のこの説明によって理解ができることであると思う。

第三講　仏教の基本的諸概念

原始仏教における知的傾向――厳粛主義――戒律――禅定――情的傾向の発展――羅漢と菩薩――小乗と大乗――本生譚および禁欲主義と大悲大知――大乗教の理想――仏陀の一生――一切苦とは何の義か――知、悲、方便、回向

だいたいをいうと、仏教にはよほど知的な傾向があるが、この傾向をいっそう明らかに示すためには、他物と比較することが都合がよい。そこで毎度比較にかのキリスト教を用いるのであるが、キリスト教の情的方面に傾向しているに比較すると仏教はよほど知的になっている。そして仏教というものが、日本人には一千年以上も経っており、あたかもわれわれ空気中にあって空気を呼吸しているような関係にあるのであるから、その仏教の影響がわれわれの各方面の生活の中に染み込んでいるということは、ほとんど気がつかぬほどであると言い得るのである。けれども初めてヨーロッパの学者が研究したときには、われらが日常気のつかぬところを道破し能《あた》う便宜があった。すなわち仏教というものは一種の理的宗教であって、その団体は一つの道徳的考えを基礎にして、その上に組織せられた団体のように考えたものである。近ごろでは、それほどでもないと思うが、それでもこの

仏教を初めて研究する人は「仏教はいかにも学問的な科学的な知的なものだ」というように結論してしまう。こんな観察の可能なのは、ことに原始仏教の方面に、知的な傾向が著しく見えるためである。それは何かというと、仏教が今日伝わっているところでは、主にこの文学で伝わっている。一方はパーリ仏教と言い一方はサンスクリット仏教と言う、この二つの文学によって代表されているのである。ヨーロッパで研究を始めたのは、パーリ語で書いた仏典であったのでそれがそのまま原始仏教という訳ではないのである。けれど原始仏教の面影というものが、よりよくそれに伝えられている。そこでこのパーリ仏教というものを、原始仏教のように考えて、人はいるのであるが、パーリ仏教はよほど知的な傾向を示している。中国、朝鮮、日本に伝わった仏教はサンスクリット仏教であるので、これはだいぶ後世に発達したものである。仏滅後五百年ほど後に発達完成したところの教えである。これが世間普通の結論であるが、このサンスクリットの仏典の発表したところの思想というものは、知的は知的であるけれども、原始仏教と称しているものほどには知的でない、よほど情的の傾向がある。

とにかく、原始仏教というものにしても、それから後世に発達した仏教というものにしても、その二つの表現の形式を備えているところの仏教には、両方に跨《またが》って伝わる共通の修行の方法というものがある。それはどういうものであるかというと、戒《かい》、定《じょう》、慧《え》という、この三者を鼎《かなえ》の三足のような具合に尊重し、それを仏教というものの修行の綱目にしたのである。

仏教はいくら知的だといっても、哲学や、倫理や、学説ではないのであるから、実行ということが大事である。修行ということを言い出すと、それには戒、定、慧というものを行なわなければならぬということになる。これは原始仏教にしても、また後代に発達した仏教にしても、両方に共通しているものであって、これを三学と言っている。この学ということは、学問の学という意味ではなくして、自分の実行の上にそれを学ぶという意味の学である。修行の上に学修する、修得するという意味である。それで戒というのは、五戒、十戒、それから二百五十戒、あるいは五百戒というように、いろいろの個条書があるが、その内容はいずれも、「何々すべからず」というような、ことに修行者の行為を禁止した方のことがらである。そこで、その禁止した事項が、いかにも道徳の綱目を掲げたように見える。かつは、それに宗教的の匂いがないというところから、仏教団体は倫理学会のように考えられたこともある。定というのは禅定《ぜんじょう》――坐禅《ざぜん》ということである。その坐禅ということは、インドにおける修行上の主要なる形式になっている。これは他の国で発達したことはないようで、特にインドにおいて、この形式が発達した。坐禅というこの結跏趺坐《けっかふざ》ということは、天王――天から人間に教えられた、きわめてありがたい修行の形式であるという塩梅《あんばい》に言われている。この坐禅――結跏趺坐ということが中国、日本にも、仏教を通じて、伝わって来ている。これがことに禅宗においてやかましく言われていることとなのである。慧というのは知恵または般若《はんにゃ》ということである。知恵というものを、大体二つに分けて、一つの知恵は、学問の上でわれわれが学ぶ、他人から伝えられ、そしてそれを学習することのできる知恵、――たとえばわれわれが数学を学ぶにしても、誰か適当な数学の先生があるとすれば、その先生に教われれば、二年、三年の間にはその知恵を伝えられる、そうして、それを受け取ることができる。その意味での知恵といえば、今から何千年前に生まれた釈迦《しゃか》にしても、あるいはまた孔子にしても、数学やまたは外の学問という点においては、われわれに及ばないものがあるとも言い得る。しかしながら世の中にはそういう風にしては修得することのできないもう一つの知恵がある。これは人から教えられる、他から伝えられるというよりも、自分の心の中から自然に開発するところの知である。いわゆるこれを直覚的の知恵と言ってもよろしい。仏教で言うところの戒、定、慧の中にはこの二つの知恵がはいっている。すなわち自分の心の中からできて来る知恵だけでなくして、いわゆる学で得たところの知恵もやはり含まれている。しかしながら言うまでもなく、仏教の修行において重んずる知恵なるものは、この後に言うところの知恵であって、人から教えられて覚える底《てい》の知恵ではない。それは言うまでもないことである。こういう点から見れば、戒、定、慧ということは、いかにもこの戒ということを見れば訓練的である。定ということを見れば、一の厳粛主義とも言いうる。すなわち倫理、学問の上の厳粛主義というようなことがあって、放漫なる生活、自堕落な生活に反対して、いかにも整然たる形式を示している。たとえば禅宗の坊さんなどが修行のときは、すこぶる厳粛な態度を維持する。そういう場合には、彼らはこれがなすべきことであるとしたならば、そのことは必ずやる、一歩も容赦はしない、というような厳粛主義、それがすなわち戒である。が慧の方を見ると、これは論理主義である。これはまた厳粛主義に比して知至上主義、知というものがいちばん上にいるという風にも考えられる。そういうところから見て原始仏教という、また仏教というものは、前に言った通り、知的傾向が多いというようになったのである。

しかしながら宗教という以上は、宗教は知だけではできないものであって、知というもののほかに情が加わらなければ成立しない。これを経文に書いてあるところによって言えば「情というものは足であって、知というものは目である。目があっても足がなければ駄目である。足があっても目がなければ駄目である」と言うのである。親が、こどもを愛するということも、こどもを徒《いたず》らに可愛がりすぎて、情があり余って、知が足りないという場合には、これがためにかえって教育上、好結果が得られない。親の盲目の愛、ことに母親の愛というものを見れば、知というもので矯《た》めて行かねばならぬ点がわかる。それはいずれにしても、この宗教というものには情がなければ働きが出て来ない。ただ自分一人が悟得して山の中にはいって、それだけで済むというものではない。どうしてもわれわれは世間に出て働かなければならぬ。その働くということは何を頼りにするかというと、それには情がなかったならば働けない。ただ僅《わず》かに商売をするということだけでも、これはただに金銭の関係で、ただ儲《もう》かればよいというだけのことではない。やはり商売をやる人に聞くと、人情という、情けというものがなかったならば商売もできない、ということを聞いている。それは学問にしてもそうしたことであろうと思う。ただ学問の上でこうなるのであるからといって、情というものを考えないとしたならばいかにも人間の生活というものは殺風景なものになろうと思う。まして人間全体の働きを純粋無雑ならしめようとするところのこの宗教というものになっては、情というものは、どうしても必要であらねばならぬ。ここにパーリの仏教でなくして、サンスクリットの仏教が盛んになって来たという、一つの原因が潜んでいると思う。サンスクリット仏教というのは、すなわち大乗仏教の意味である。知と悲と相扶《あいたす》けて、働くようになっている仏教を、そう名づけておく。

ところで、さらに言うと、この大乗仏教、悲知円満の宗教が出て来ないというと、仏教は今日までも伝わらなかったのではないかと思う。前講にも言った通り、仏が尼連禅河《にれんぜんが》の辺の菩提樹下《ぼだいじゅげ》において、阿耨多羅三藐三菩提《あのくたらさんみゃくさんぼだい》の悟《さとり》を得たというときに、これで自分は涅槃《ねはん》にはいろうと言われたけれども、その戯曲的場面に対して、そのとき梵天《ぼんてん》が出で来たって「あなたが今道を成して涅槃にはいられる、それはあなた自身はよいけれどもそれでは世間は闇である。この闇をあなたは照らしてくださらねばならぬ。のみならずあなたの考え出された、その悟得せられたところの尊い道というものについても、世間の者がまったくわからぬということはないはずである。やはり中には、わかる者もあるだろうから、こういう人を救うためにも、どうしても、今涅槃にはいってもらわれては困る」と言ったのに対して、「そんならば……」というので、仏は出られたということになっている。しかしながら、それも私自身の流儀に考え正して言ってみると、そこに人間の本当の働きが出ているのである。人間というものは、自分だけがよいという訳でなくて、自分ということは、すでにそこに他というものを認めているのである。自分だけの考えというものはない。自分というときには、そこに他というものが含まれている。社会というものが含まれている。この仏教でいう社会というのは、人間だけでなく、動物でも、植物でも、有情《うじょう》、無情といってよい、皆いっさいを取り込むところの、その宏大《こうだい》無辺な社会である。そこで、それを法界といってもよかろうと思う。今の言葉で言うと、社会と言ってもよいが、その法界というものがその背景になっておって、そこへ自分というものが現われて来る。そこで、自分というものを離してしまえば、その自分は死んでしまった自分である。ないものである。いやしくも自分というものが働くといえば、その背景に法界というものが自分を働かしている。ある意味でいうと綱を引っ張っているといってよいくらいである。だから仏が大悟の境涯にはいられたときには、自分の働きだけに気がついた。けれども、まもなくそうでなくして、それは自分だけの固有の働きではないのであるということに気がつかれて、そこで社会に出なければならぬ、こういう風になったものであろうと思う。それを梵天が勧めて、「そんならば出ようか」ということになっているが、それは芝居がかりというものである。そういう道具がそろわぬというと、文学としては面白くない。それでそういう風に叙述の体裁を借りたものとみてもよいと思う。とにかく、社会に出て働かなければならぬように人間はできている。初めの仏の正覚《しょうがく》を知と言うならば、その二番目の正覚の方を悲と言う。ここに悲というものの心が動く。初めは知であり、後に悲を加う。ゆえに知というのは父であり、悲というのは母である。とにかく、そういう訳で、ここに悲というものが働いて、そしてはじめてここに仏教というものの形体が備わってきたといってよかろう。しかしながら、われわれはこれに対して、さらに大の字をつけて、大悲大知というものがなくては、本当の仏教の働きは生ぜぬと思わなければならないのである。

原始仏教というか、パーリ仏教というか、その方では、この仏の知的方面にのみ心をとらわれて、今、梵天が仏に勧めたというこの方面については、あまり気がつかなかったというのではないけれどもそれが十分に自分の意識に上らなかったがために、その悲という方面、同情という方面、社会性という方面には、大した発達をしなかった訳である。しかしながらそれにしてもなおパーリの仏教者というものが、そのことを心に持っておったことは確かである。十分に意識はしていなかったけれども、心の中に感じておったということは確かである。仏の一生というものにしても、その正覚を成ぜられてから四十九年の間説法して歩かれた。そしてその説法して歩かれたということは畢竟《ひっきょう》何のためであったかというならば、ただそれは自分の芸術を広げようという意味ではなかった。すなわち世間の人を挙げてこれを救おうというのがその目的であった。仏涅槃の画を見るというと沙羅《しゃら》という樹の下で仏は涅槃せられている。長臥入滅《ちょうがにゅうめつ》せられておられると、いろいろの動物、諸種の天人、その他いろいろの存在が集まって、その悲しみを表わしている。そして、この像などは、よほどこの涅槃の事実を精神化したところのものであると思う。実際をいえば、仏の入滅は寂しいものであったに違いがなかった。そのとき釈尊は旅に出ておられた。そこで随侍していたものは弟子の阿難《あなん》一人にすぎないのであった。そうして、しかも釈尊は死なれたのである。それゆえ、そのときその場に集い来たった者といえば、かの阿難のほか二、三の弟子とないしは近所の寺というか、僧団におった僧侶《そうりょ》のいく人かにすぎなかったのである。しかし、釈尊の生涯にわたる歴史を考えてみると、それはすべてを人のために捧《ささ》げられた一生である。すなわち社会的方面に働かれた、知というものだけでなく、悲というものによって働いておられる。口では言われなかったかも知れないけれど、それを生涯の事実の上において表現している。その説かれたところは、四諦《したい》十二因縁というようなことを説かれてあるけれど、その説かれた人の一生は悲というもので固まっておったのである。これはよほど気をつけて見るべきところである。ここに原始仏教というものと、後世の仏教との分かれ目ができている。その後世の仏教を今では大乗という名前をつけている。それから原始仏教の方を小乗という名をつけている。そういう名はつけているけれども、仏教というものは、もとより一のものであって、流れには、広い狭いなどとの区分があるかも知れないけれども、しかしながら、流れる水については同一であるから、これを大乗と名づけ、あるいは小乗と名づけても、その源には変わりがない。しかしながら、発展に道程のあることは事実として否むべきことではない。これがあるために仏教に生命があるということになるのである。けれどもその過程、あるいは仏教経験の対象の変転というべきものは、挙げて置かなければならぬと思う。それが小乗という原始仏教の方面では、その理想的人物は羅漢《らかん》であり、後世に発達したところの大乗なるものの理想的人物は菩薩《ぼさつ》ということになっているのである。

この羅漢ということが、原始仏教の理想人物であり、それが漸次に発達して、今度は菩薩という理想ができて来たのである。そこでここに菩薩ということと羅漢ということを、一言注釈を加えなければならぬが、いわゆる原始仏教——パーリ仏教というものを読んでみると、そこには羅漢という字はあるけれども、菩薩という字はほとんどない。菩薩という字がどういうときに、原始仏教に用いられているかというと、仏の本生譚《ほんしょうたん》というものをいうときに出ている。この本生譚ということを仏教ではよく言うのであるが、その意味はちょっと説明しないとわからない。これは「もと生まれた譚《ものがたり》」ということになっている。仏というものの前に、やはり一つの根本概念というものがあるのである。それはどういうことかというと、仏は自分の一生で仏になられたのではなくして、過去においてよほどの修行を積み重ねて、そして一代よりも二代、二代よりも三代と続けて来て、最後に仏というものを成就せられたというので、成仏は一生という短い時期ではでき上がらぬのだ。仏は生まれ代わり、死に代わり、いろいろの艱難《かんなん》苦行をし、あるいは人間になり、あるいは人間どころでなく動物にもなったのだ。その転生中の出来事を記録したものを本生譚と言う。その中に現在も残っている記録によっても、何百度という生まれ代わり、死に代わりである。その間には鵞鳥《がちょう》にもなり、鹿にもなり、どこかの王様にもなっていたという具合である。かくして仏は生まれ代わり死に代わりして、その間にことごとく善根功徳を積まれてきた。すなわち六度——六の善事なるものを、前生の間に修行して、そして最後にインドに生まれ出られたときには、そのときまで積まれたる無量の功徳の力によって、かの大悟を得られたというのである。それで三世《さんぜ》の因果というようなことも、そこから出ているものなのであるが、仏教の意味からいうと、とにかく、人間というものは一代で出て来ているのではない。これまで何代かが相続して、その結果が今日の自分をこしらえたのであると、こういう風になっている。つまり今日の優生学を宗教的にしたものが本生譚の意味であると見てよい。卒然として出て来て、そこでその人が大変な仕事をするという訳ではなくして、何代からか先に修養を続けて来ているために、今日われわれもこういうものになっているという考えなのである。これは宗教以外のことにしてもそうである。社会的に考えてみても、今日われわれが、今日だけよければよい、われわれは今日自分の社会さえよければいいといって、子孫のことにまで考慮し及ばぬというのはよいことではない。今日われわれ人間というものは、今日限りでなくなるのでは決してない。われわれはまた子孫によって代表される。その子孫ということは肉体上においてのみならず、精神の上においても、将来自分を繰り返して行くというよりも、自分をだんだん強めて行く、浄《きよ》めて行く、高めて行くのであるという考えによって、われわれが今日だけでなくして、ある意味でいえば子孫のために働かなければならぬと、こう考えてもよい。先祖から今日まで続いて来た文明、文化というものをなくしてはならぬ。また、ただ維持するだけではいけない、いくらでも増して伝えるということにしなければならぬ。金持が百万円の金を持っているとすれば、これを百五十万円にして後に伝えるということでなければならぬ。今日われわれの伝えて来たこの世界——これだけの文明、文化というものを作り上げるにはなかなか一朝一夕のことでない。これを亡滅させるということは、まことに残念なことであると思う。戦争というものは、古代の戦争でも文化を後退せしめるものであったが、これからの戦争は人間を亡ぼしてしまうことになるだろうと思う。科学の発達が著しく旺盛《おうせい》になり、ことに殺人機械というものが異常な発達を遂げるとしたならば、今までは弓矢で戦争をしたものが、今度は何百人何千人を一遍に殺してしまう。あるいは一つの市街をも焼いてしまうということになる。そうするといったん戦端を開くということになると、昔の弓矢の戦争の小規模なものであったのに比較して、今度は都市を亡ぼし人類を亡ぼすということになる。そうしてその結果どうかということになると、これからの戦争は人類をまったく亡ぼしてなくしてしまうに相違ない。そして昆虫の世界が現出するであろう。先人の苦心の結果、今まで伝えられて来たこの文明文化というものも、近代戦争の結果はことごとくこれらを壊滅するのではないかと思うのである。これはまことに情けないと言わねばならないのである。

閑話休題。以上述べたところが本生譚の意味なのである。ただ何事も、一国一世界の文化も、個性の完成も皆自分だけで築き上げるということはできない。われわれの遺伝ということもその意味において説くことができると思う。この本生譚に、菩薩という字が出ている。仏とは言ってない。菩薩というのは、まだ仏にならぬが、仏になるべき資性を具《そな》えた人物の義である。これに反して羅漢というのは、仏のような正覚《しょうがく》を成ぜられた、完成した人格のことである。それで仏も仏であると同時に羅漢である。すなわち羅漢は仏の別号である。如来といい、人天《にんでん》の師などと言うと同じことである。それゆえに、仏といえば菩薩ではないのである。最初の仏教者の多くは、菩薩というものを、仏に到達すべき歴程中の人格の義に解する、すなわち将来の仏がいろいろの修行をして努められているときが菩薩であるということになる。それで原始仏教というものから、大乗の菩薩という考えの発達して来る道行きが、大体理解せられるであろうと思う。

小乗教でその理想としておったかの羅漢というものは、これは自分に対するだけの修行であって、それでは人に及ぼす力がない。仏教も人に及ぼす力のないというものであったら、それは独りよがりのものであって、本当に人間として完全な発達を見られたものという訳にはゆかない。人間ということになれば、自分というものと、他ということとの関係から成立しているものであるから、自分だけの正覚を成じたのではいけない。自分の得たところのものを、人に伝えて、そして他の者も導くようにしなければならない。そこでわれわれは羅漢という理想では物足りないという考えが起こってくる。そうしてどうしても菩薩ということにならぬといけないという要求を感じてくる。ところが、菩薩というものは、自分のためでなくして、人のために自分の身を犠牲にして働くというものである。そこで菩薩と羅漢とはその理想において、ちがっている。仏教が生きて行くには、羅漢の理想を菩薩の理想に変えなければならぬ。そして仏というものは、前生に菩薩というものになってそして今生に仏になるべきように修行せられた、それゆえ、その修行せられたということも仏が自分のためにするということでなくして、人のために道を伝えようということで、これを修行して、もって仏となったものであるから、元来菩薩という修行は人のためにする修行だということは明らかである。

それで羅漢ということになれば、自分だけ独りでよい、すなわち坐禅《ざぜん》ならば坐禅するに深山に引き込んで、どこかの森の中でじっと坐禅しておってよろしい。けれども、菩薩ということになると、その坐禅だけやっているのではいけない。世間へ出て来て働かなければいけない。人のためになることをしなければいけない。人も導かねばならないということになるのである。それで菩薩という思想およびその理想が発達して来た。そして発達して来た結果はどうなったかといえば、仏教は一方では、出世間的でなくなると同時に、他方では、すこぶる大風呂敷《おおぶろしき》をひろげて何でもかでも、自家薬籠中《じかやくろうちゅう》のものとするということになった。羅漢を理想とする生活は比丘《びく》である。比丘とは乞食《こじき》ということである。物を乞《こ》うて——貰《もら》って歩くという生活である。それから比丘尼《びくに》ということもある。これは女の乞食である。現今の経済観からすれば、この乞食生活は大変卑しいようなことであるけれども、仏の時代には、哲学者も宗教者も皆物を貰って歩いたものである。自分は修行のために一身を捧《ささ》げているのであるから経済を営む暇がない。そういうことは人に任して、人のくれたものを食うことにする。すなわち、乞食生活をやって、肉体的には、生活の上になんらの顧慮を払わなくてもよいようにし、そして心を霊の上に集注する。つまり禁欲主義を実践して、心の多岐に馳《は》せるのを防がんとするのである。比丘ということと、僧または僧侶《そうりょ》ということとは区別すべきである。僧制度は仏教に特殊のものであると思っている。比丘は必ずしも仏教に限っていることはない。古来インドの修行者は皆物を貰っていたのであるから、これを総称して比丘と言ってもよいのであるが、僧侶という字は仏教に限った文字である。僧という字は、梵語《ぼんご》の「サングハ」すなわち僧伽《そうぎゃ》であって、僧侶は梵語と中国語とを兼ねたものである。侶というのは同行、同志、同伴の義で、その意義は、この字に籠《こも》っている。すなわち僧は三人一緒に集団をして暮らす人々を指して言うことになっている。三人以上伴侶をなして暮らして行くというところから中国語の侶字と梵語の僧伽の僧だけが一緒に合して、僧侶という熟語になったのである。ところがここにまた出家ということがあって、人が世を捨てて出家するということがある。そして、この出家したということが世間の苦しみから離れてしまった特殊の生活をするところの人間であるとしたならば、なるほど修行するには、具合がよいであろうが、宗教というものが、ただある特殊の生活をする人間だけを救うということを、その目的としているものならば、それはそれでもよいことである、けれども、今宗教というものはすべてのものをやはり救わなければならぬのである。救わなければ宗教にはならぬのである。また、そういうものでなければわれわれの心が安まらぬ。自分だけで満足しておられぬということになったならば、出家、乞食という僧侶の生活は、どうしても在家《ざいけ》の生活に転じて来なければならぬ。それで仏教も出家の生活の宗教というものでなくして、これが転じて在家の宗教ということにならなければならぬ。すなわちそうなってくると羅漢というような人が出家して僧侶になって、特殊の生活にはいって修行して、その仏果をば獲得する、そして自分一人が満足を得て足れりとする、そうした生活をするものであっては、特殊の恵まれた人ならばそれもまことに結構な話であるが、しかし恵まれないところの人間に対するとき、これをどうするか。ここに仏教発達の一転機が伏在していることは、誰も感じ得るところである。仏が初めて正覚を成ぜられたとき、仏は自分だけで満足しているのではいけない、世間に出よう、ということになっている。世間に出るということは、畢竟《ひっきょう》出家の生活であってはならぬ。かえって在家にならなければならぬということになる。出家ということだけでは仏教は小さくなる。仏教は在家宗に帰らなければならぬ。それで一面には羅漢という思想が転化して菩薩《ぼさつ》という考えに進むと同時に、も一つの潮流は出家というものから在家に移るということになったものだとみてよいと思う。それのもっとも代表的な経典はすなわち維摩経《ゆいまきょう》というものであるが、この維摩経の主人公は誰であるかというと、これは俗人である、在家の人である。今までの経典の主人公が仏であるとか、羅漢であるとかそういう風になっているのに対して今度は在家の、社会的の人間で、社会的に普通の生活をやっているところの人が主人公になっている。そしてそれが主人公として説法を試みているのであるが、しかもその説法というものが、また弁論はなはだ巧妙を極めたものであって、かの舎利弗《しゃりほつ》というような、あるいは目連《もくれん》というような羅漢の中でも最も卓越している人物なのであるが、中でも、この舎利弗のごときは特別に有名な人物なのであるが、それらの人さえこどもが大人に扱われるように取り扱われている。その上、また、かの文殊《もんじゅ》菩薩というような人物が出ている。この文殊というのは仏教の初めの時代にはいない人であって、だんだんと後世になって出てくる人であるが、これが菩薩の代表的な人物で、かの普賢《ふげん》菩薩と相並んで菩薩階級の大取締りになっている人であるが、その大取締りになっているところの大菩薩でさえも、維摩がなかなか許そうとはしない。こういうような具合で維摩経というものが在家仏教ということを力説しているというようなところがあるのからして思うと、この辺から、仏教というものが出家の宗教でなくなって、在家宗教に帰らんとしている様子が明らかであると思う。華厳経《けごんきょう》などにおいても、善財童子《ぜんざいどうじ》というものがある。これは童子といっても子供という意味ではなく、若者と見てよいのである。これが修行の道程にのぼって五十三の善知識に出くわして、そしていろいろ修行上の啓発を受けて来るということがある。修行に出て五十三の善知識に会うということは、日本でも東海道五十三次というのは華厳経のそれによったものである。仏教というものが今日知らず知らずの間にわれわれの日常生活にはいって来ているのを見るべきである。その五十三のいろいろの善知識に出会うが、その出会う中には、比丘というものもあるけれども、必ずしもそうでなくして、在家の人がなかなかいる。のみならず、女がいる、女の哲学者、宗教者という者がなかなか出ている。これがまた大いに注目すべきことであると思う。仏教は女を賤《いや》しめた。東洋の風として婦人は一般に見下げられた。婦人にしても男に対して威張った時代がなかったわけではないけれども、ただ戦争なるものがあるがために、肉体の力があるものが尊いということになって来て、男が偉いものになっている。初めは女の方、すなわち母が偉かったのである。今でもこうなるのが本当のように思われる。ところが東洋いったいは男が偉いということになっていて、今日でもそうなっているのであるが、仏教においても華厳経の時代を見ると、かえって女で偉い者が出て来ている。ことにその女なるものが、日本でも昔は白拍子《しらびょうし》という者には偉い者があったというように、そういう種類の女が哲学的に宗教的に善財童子を開発している。こういう点によると、仏教では、仏が女を僧団に入れると、僧団が千年のものなら、五百年で壊れるというようなことを言われておったが、それは亡びるものなら、五百年でも、三百年でも、亡びて行ってよい訳である。それは女が悪いので亡びるという訳ではなかろう。正法《しょうぼう》は五百年続いて、そしてその五百年後にはそれに似たような像法《ぞうぼう》の仏教が行なわれる。こういうことが仏説の上できまっているが、これも結構な話である。正法というのは特殊の階級に属しているところの羅漢というような人間の集まっている時代である。出家をして特殊の生活をして特殊に恵まれている人間がやる、これを正法というのである。そうして、この正法の時代というものが亡びて行くということもまた決して悪い話ではない。それが亡びてゆくということは、ある意味では、仏教がよりひろく広がってゆくということになるからである。すなわち、像法の時代ということになると仏教はいっそう広げられて行く。仏教が特殊階級の人のものでなくなるということでもそれが一般に広がって行くということになるならば悪いことではなかろうと思う。女を入れて僧団の結束が弛《ゆる》むということにはかえってその点に意義がある。出家の宗教が在家の宗教に広がり、羅漢の仏教が菩薩の仏教に広がり、男子の仏教が男女ともの仏教に広がって行くということは、よほど仏教発展の上に注目すべきことであろう。人はよく今はどうも末法《まっぽう》でだんだんと仏教が衰えて行くということを言うけれども、それはまた同時に他の一方から見て言えば、そうしたその事実こそ、一方仏教そのものの発展を見るものであるということもできると思う。

またそう言ってみると、かの禁欲主義というようなことも、手段としてはよいものであるけれども、また、これも心持としては持って行かなければならないものであるけれども、禁欲主義というもの、そのものに仏教の目的がある訳ではなかろう。僧団の守戒というところに仏教の目的があるのではない。手段として教法の発達すべき道行きとしては、これも結構であるけれども、しかしながら、これが窮極の目的になるべきものではない。こういう風にだんだんとこの仏教の発展ということを考えると、今度は今までは大知ということだけで止めておったものが、大悲ということと相並んで出て来るということが認められてくる。

ところが、ここにおいて、また教理の発展と見るべきものが出て来た。それは慈悲に対する考えである。慈悲も結構だが、目的を持った慈悲ではいけないということになる。それで、大という字をつけて、大悲と言うのであるが、この大慈大悲は、目的を持たない悲でなければならぬ。こうすると、こういう功徳があるからというような、そんな悲でなくして、目的を考えないところの慈悲ということになる。それを大悲と言うのである。それなら、このような大悲はどこから出て来るのであるかというと大知から出て来るのである。

楞伽経《りょうがきょう》の初めの方にこういうことが書いてある。「悲というものは知から出る、その知というものは、分別にわたらぬ知である」と。そしてこの知は決して関係的のものではない。彼と是とか、善と悪とかいう、関係的に取り扱われるところの知ではない。限定せられないところの知なのである。その知から自然に湧《わ》いて来るところの悲、その慈悲というものが働かなければならぬ。それでないと本物とはならぬ。それを大知大悲という風にして説くのである。これが今度は仏教の本当の目的ということになる。これが大乗教の理想というものになるのである。

大乗教の理想というものは、仏の言葉ではない。今われわれが経典として崇《あが》めているものの中に記してあるその言葉ではなくて、仏その人の一生というものが、大乗教の理想をそのまま実現しているのである。そう解すべきものである。そうすると、この前に言った話と自然ここに連絡がついてくる。仏教とは仏の口から出た、その知恵を土台にした教えだけが仏教ではなくして、仏の修行の体験というものを入れている実際の生活そのものと見て行かなければならぬ。そして、その仏の体験というものを、われわれがどう見るかということきに、そこに仏教がだんだん発展して行くのである。そうすると、大乗教の理想ということは、仏教に対する概念、知識のあるお方であるといえば、私の言うところ以上に理解してくださるのであるが、そういう知識を今必ずしも諸君に要求するのは無理であるから自分はそれを要求しないで、まったくの素人としてお話しすることにする。ご承知の人はもちろん理解していることなのである。仏の一生というものを、どういう風に見て行くかという一点に、大乗教というもののその根本的な基礎が成り立つのである。これによって見ると、かの大悲ということが、今度は大いに表面に現われて来る。今まで隠れておったものが、だんだんに表面に現われて来る。その意味は、われわれがこれに対する意識が強くかつ明らかになるということである。今までは意識していなかったことが、今度はだんだん意識して、明らかにそれを自覚してそれによって働いて来るということになる。これが人間としての特徴である。人間の特徴は知というもので、だんだん今まで知らずにおったものを知るように意識して来る、この知恵の働きの一点である。動物などは知らずにやっている。人間はそれを知ってやるということになる。ここに発達なるものがあるのであるが、知ってやるということは、宗教的に言うと、今一歩進んで、知らずにやって行くということに還って来るのである。これはちょうど水泳を覚えるにしても、字を書くにしても、その初めは手をこう動かし、足をこう動かす、体はこういうように保って行くという風に、一々意識してやるのである。しかしながらそういう風に一々意識してやっていると、ついには水に溺《おぼ》れるより外なくなる。しかし、もちろん最初は意識しないで泳ぐことはできないのであるから一々意識してやるが、熟練して来ると、その意識がなくなる。いわゆる「鞍《あん》上に人なく鞍下に馬なし」という塩梅《あんばい》になって、名人の群れにはいることである。初めは知らずにおったものを、だんだんに自覚して、今度はまたそれを忘れてしまう。そして、そこに初めて真の働きが出て来るのである。これが宗教というものの働きだと思う。これはどの宗教にしても、その極度は、そういうことでなければならぬと思う。

十三世紀のころに有名なエクハルトという人があった。この人はキリスト教の正統派に属すべき人ではないかも知れないけれども、その人の言っているところでは、仏教の思想に似たものがある。それゆえにしばしば自分はこの人を引合いに出すのであるが、その人の言うには「なるほど、キリスト教では神ということを言う、神の心に称《かな》う、神のみ心のままになる、自分の好きなようにするのではない『み心のままにならしめ給え』と言うが、それをキリスト教の宗教的生活の極致と考えてよいと思う。けれどもさらに考えてみれば、それもなるほど、よろしい、結構だが、も一つ進まなければならぬ。も一つ進むと、自分は神の心に従っているのか、自分の心の通りに動いているのか、何も知らずにいるというところまで来ないと、本物ではない」。神々ということも結構だ、仏々ということも結構だ。が、その仏というものを、言っている以上は、神ということを言っている以上は、まだ本物ではない。そういう意識が残っておっては、いけないというのである。まず意識しなくてはならぬが、それは人間としての践《ふ》むべき条件であるが、そこに止まるべきではない。その意識から、もう一歩進めて、意識したということも、捨てて行かなければならぬと、こういう点が、考えられねばならぬと思う。エクハルトの考えもここまで到達している。仏教の極意も畢竟《ひっきょう》はここにあることと信ずる。

それで意識しないところの知の働きから、悲の働きというものが出て来なければならぬ。それで悲ということを、も一度、言い換えると、悲ということは、どういうことになるかというと、こういう塩梅に考える。先にも言った通り、自分というものがあるのは、どういう訳であるのかというと、自分でない者がある、自分以外の者があるので、自分というものができ上がるのだ。孔子も己を達せんとするにはまず人を達するということを言っている。禅宗などでも四弘《しぐ》の誓願《せいがん》ということをやかましく言うが、その第一に衆生無辺誓願《しゅじょうむへんせいがん》度《ど》ということがある。その次には煩悩無尽誓願断《ぼんのうむじんせいがんだん》ということを言う。衆生ということは社会である。また、この世界と言ってもよい。この世界をまず救いたい、この世界を救うということを先に挙げる。そして煩悩というものが自分にあっては、第一の目的が達せられぬゆえ、今度はその煩悩を断ずることに取りかかる。そしていちばん最初に掲げた、人を救うということを成就させる。人の事が本《もと》になって、その次に自分の事を言う。そしてその自分は最初の目的のために犠牲にするということになっている。そうすると、仏教の修行は人のために、自分を苦しめることになる。その修行をするということは、馬鹿のように考えられる。けれども、この自分というものを意識するときに、その意識の本には何があるかというと、衆生ということがある、他ということがある、社会ということがある、世界ということがある、天地ということがある。こんな風に考えて行くと、自分というものは、ただ物の表面に立って働いて、目に立つだけのことであるということができる。しかしその実は、自分の背後にあって、働きをさせるところのものがある、それを先に立たさなければ、自分の働きは本当のものでなくなる訳である。そこで、自分というものの存在を可能ならしめるところの根底に目を注ぎ、その何であるかを知らなければならぬのである。これが悲というものの働きの出て来る原理であると私は思う。何でも自己ということがいちばんだ。人のためによいことをしてやるということも、自分のためを本にしているからだ、と言っている人もある。けれどもこれでは何となく物足りない気持がする。自分のため都合のよいように、人の世話をして行くという訳ではないだろうという気がしてならなかった。何かわからなかったが、だんだんと自分でもいろいろの本を読んだり、考えてみたりして、その筋道を立てると、やはり自己のためばかりでない、本来、人を救ってやりたいという心がある。自分のためにしたいということがあると同時に、人のためにしたいということがやっぱりあるのである。自分のためにするということは、決してそれだけでできることでなくして、人のためにするということがあって、初めて可能である。自利利他《じりりた》ということを仏教で言うが、それが両方に行なわれなければならぬということがよほど大事である。そういうことの一つの証拠として、われわれの利他ということがやはり本能的にあるということは、宗教者はもとより、学者でも認める話である。人が水に溺《おぼ》れるというときには飛び込んで救う。別に目的があって、自利のために救うというのではない。ただ悲という心が動いてそうするのである。今では人を救ったりすると表彰することになっているが、それにはこういう問題がときどき起こってくる。救うということは善いことだ。けれどもその人間がどんな人間かというと、すこぶる評判のよくない人間で、酒を飲んで歩いて、人に迷惑をかけて仕方がないということがある。ところがいったん危急存亡の時というと、自分の身を捨てて、溺れんとする者を救った。それで表彰するとなると、その是非にはかなり問題がある。それを見ても、こんな場合には、表彰されるとか、自分が人によく言われるということでなしに、その人は本能的に働き出るのである。軍人が戦争に行って、金鵄《きんし》勲章を貰《もら》った、という場合に、なるほど、戦さの最中には、われわれのような者でも、あるいは弾丸を物ともせず進むことがあるかも知れない。金鵄勲章を目的としたのではできない、それゆえ勲章を貰って帰ったものが平生もそれほどに勇敢であるとは言えない場合がずいぶんあろう。一時興奮したときにはずいぶんそういうことをやるものである。忠臣蔵などでも、自殺させる方がいちばんよい、惜しい人間だけれども、それが存命している間には、自分のやった手柄を汚すようなことがあってはかえって惜しい。そこで、皆切腹を仰せつけた方がよかろうという議論を出した人があるということを聞いている。人間というものは悪いことばかりを思いつくばかりでなく、よいことも思いつく。われわれのような下らぬ者でも、よいことを思いつくかもわからぬものである。それは悲というところから働きでるのである。凡人はただ一時本能的に発作的にこの働きを出すが、至人はこの働きが、なんらの支障なしに、いつもすらすらと流れ出る。ここに宗教的訓練がある。

悲ということは他人を憐《あわれ》むという本能的な事実から起こる。こういうことの哲学的根拠は、自ということはやはり他ということによってのみ条件づけられて可能であるというところにあるのではないかと思う。この悲ということから、世界を見るというと、羅漢のような修行であっては、自分だけはそれでよろしい。自分は修行ができた、そして地獄へ行こうとし、また極楽があれば、極楽に行く。また欲というものを断ってしまったからよいというが、それを悲という方面から見るというと、世間にはやはり自分よりももっと悪い、情けない境遇の者があるというときに、それをどうするか、自分だけはよいとしても、自分だけは苦を脱却したにしても、苦しみに捉《とら》えられている者が沢山ある。すべての者の苦を抜くということが仏教の立場であるとすれば、多くの者が苦しんでいるのを見ては、仏教者はじっとしておられぬ、何か力を出してこれを救うということにしなければならぬ。これが先に説明した菩薩《ぼさつ》というところの理想人物が仏教に出て来た因である。それで菩薩は、自分に正覚《しょうがく》を成ずるとすれば、それですぐ涅槃《ねはん》にはいってよいのだが、自分だけ極楽に行くことはいけない。世間には光に照らされないで、闇に苦しんでいる者が沢山いる。これを救済しなければならぬ。自分はこの世界に止まって一切衆生を済度しよう、一切苦に沈淪《ちんりん》している民衆を救わなければならぬというのが、菩薩の本願なのである。そしてこういう事実の中において、どういうところが悲であるかといってみると、本生譚《ほんしょうたん》にあるように、前生に功徳を積んで来て、今生では恵まれて、体もそう弱くはなく、意志の力も強いし、知恵も十分である、それで仏教の修行をして、この功徳で羅漢になったというであろう。けれどもそれになれない者があるのをどうするか。人はただ自分が羅漢になっただけでは物足らぬとするであろう。ここにおいてか、その不満を癒《いや》すためには何か一つ手段というものがなければなるまい。それで、この悲、知というものから、方便というものが出て来たのである。

日本では嘘《うそ》も方便だという訳で、すこぶる乱用されているが、仏教の方便とはだいぶ異なっている。悲、知と共に、この方便ということは、仏教の基本的概念の一として重要な意味を持つものである。方便ということは、どうしても出て来なければならぬのである。ここに苦しんでいる者がある、これを冷やかな目で見るというと、「悪いことをしたのだから、その苦しみを受けるのは当然だ、何もそう救ってやる必要はない、救ってもまた悪い方に行ってしまうのだ」とこういう風にみる。けれども悲の働きで見るというと、どうしてもそういう冷やかな目では見ておれぬ。悪いことをして悪い報いを受けているのであるが、何かの方法があったならば、悪いところのものを、十が十までは救ってやることができなくとも、一つだけでも救ってやる道はないのか。この悲の力というものが、やがて、誓願または本願となって来るのである。

願ということになって、それがどう働くかというと、たとえばここに自分の願、どうかしてやりたいという、この願が相手の心の上に加わって来て、そして相手の心が悪に固まっている中に、一つでも善い心が起きるような、その可能性を与えるということになる。祈りということは何にもならぬことだ。「祈らずとても神やまもらむ」という和歌もあるから、祈ることは下らぬことだと言うけれども、しかし人にはどうしても祈らずにはおれない心持がある。人の情けないのを見てはただそのままではおれない、どうかして救ってやりたい、どうしても救ってやらなければ、気が済まぬという、われわれの心持がある。そこで方便というものが出て来る。その義はどうかというと、自分は今まで、善いことをした、仮に今までに百の善根功徳をしたとしても、この百の中の五十でも四十でもないしは三十でもよいから、人に分けてはやれないものか、ある人はそんなことをしても、何にもならぬと言うであろう。もちろん、科学の世界では不可能である。しかしながら宗教の方面から考えるというと、可能となる。一と一と合して二になることは科学の世界であって、一と一と合して三にしなければならぬという、そこに宗教そのものの本来の働きがある。それで真宗などで言うところの、弥陀《みだ》の本願という宗教的事実も、確かにそこから由来している。自分だけで止まるものでなくして、人の身の心が移らなければならぬ、そういう心持が、それが本願というものになって、そして阿弥陀《あみだ》の四十八願というものができるようになったものであると思う。

これは阿弥陀に限らない、皆それぞれ本願は持っていると思う。それと同時にまた方便ということも持っていると思う。われわれの力の及ばない自然現象に支配されているところの世界——社会というものは、自分に主観的の、いわゆる強い意志があっても、いかに激しい情が動いても、それがためにその客観世界は動かない。しかしながら、宗教というものの力は、それを超越したところに成立しているので、どうしても自分の思う心を人に起こさす、起こさなければならぬという作用を持っている。そして宗教では私は明らかにそれが働き得るものだと信じている。どうかして善くなれと祈れば、そこから方便というものが湧《わ》いて来て、そして、その思いが他の者に移ることができると、私は宗教的に言えると思う。それを回向《えこう》と言うのである。自分の持っているところのことを、人に移すということになる。自分のために功徳を積むということでなくして、自分が人のために功徳を積む、自分が積んだところの功徳が人の功徳になると、こういうことになるのである。それで、ある意味から言うと、宗教というものは、損ばかりするものである。世間のことは、得をするようにと努めるが、宗教の方では、そうでなくして、損をするよう、損をするようにということになる。というと、それはどういう意味になるかというと、自分に損をするのであって、人には得が行っているのである。そこでこういう議論も起こってくる。皆が損をすることになったならば、どうなるか？　人のため、人のためということになったならばどうなるのであるか？　これは仮定のことであって、仮定の議論はできないのであるが、皆が損をしたいという心が動いたならば、誰も得をする者がなくなるので、それが本当の理想の社会になってしまうのである。したがって仏教というものは、その時になくなってしまうのである。菩薩というものが生き代わり死に代わり出て来るというが、そこに仏教の使命があるので、皆が損をしたいといって損をするということになり、皆が菩薩になるというならば、そこでその本来の目的が達するのである。したがってまた仏教の存在の必要がなくなってしまうのである。すなわち仏教の目的がここに円満に成就したということになるのである。これは「自覚覚他《じかくかくた》、覚行窮満《かくぎょうぐうまん》」ということになる。

それで、知、悲、方便、本願、回向ということが仏教の根本的の概念であると思う。中にはまだまだあるが、無我、無人というがごとき、すなわち般若《はんにゃ》の方面にはいって来ると、自分もなければ人もない、空ということ、空三昧《ざんまい》ということがあるが、その空ということは哲学的思惟《しい》の上においての議論であって、宗教というものの立場から見ればやはりこの知、悲、方便、本願、回向というような、こういう積極的の考えを基本的のものとした方がよりよく当を得たものではないかと思う。宗教では、仏教では、どうしても、積極的な立場から立てて行かなければならぬと思う。ことに悲ということを本にして行かなければならぬ。今までは、知に偏しておったものが、今度は悲という観念が出て来て、そして悲ということと、知ということと、相並んで出て来るところに、大知大悲という仏教の真面目が開展して行くのではないかと思うのである。なお、これらの諸概念は、詳しく申し述べぬと、十分にご得心がゆかぬと思いますが、今回の講演は、どこまでも、序説的のものである。それゆえ、ただ、だいたいの上において、こんなことが仏教の中にあり、それがどんな関係で、禅の本質に対しているかということがわかれば、それでよいのである。

第四講　証三菩提を目的とする禅

知的仏教の窮極――三菩提とは何か――超知識、直覚、個人的体験
――インド禅と中国禅――禅の具体性と創造性

ここでは証三菩提《ぼだい》ということに論じ及ぼそうと思っている。この証三菩提というのを証、三ということと、菩提ということのごとくにお考えになる人があるかも知れないが、これは証と三菩提とにわけて、三菩提を証するという義なのである。

この三というのも、数字の三ではなくて、梵語《ぼんご》である。それを中国の三に当てはめたまでである。梵語ではサンボーディと言って、その意味は三は正、菩提は普通に覚という。それで三菩提とは正覚《しょうがく》ということになるのである。

ところで、この菩提という字も、仏教の仏という字も、もとの言葉は、ブッディというところの語原から来ている。仏陀《ぶつだ》の漢訳は覚者である。普通には、この仏陀と菩提はなんらの関係のない文字のごとくに思われているかも知れぬが、その語原を尋ねてゆくと畢竟《ひっきょう》同一である。仏陀というのは、覚者ということを意味して、人間を現わしているものである。菩提というのは、覚ということを意味するもので覚者の経験そのものの内容を表わしているのである。こういう風に解釈が加えられる。そこで、覚《さと》った人間とその人間のもっ

ている意識の状態ということに分けて考えられている。

中国人が梵語の経典を訳すときに、普通に中国語に訳すこともあるが、あるいは訳せない個所もずいぶんあった。今日でも西洋の言葉を日本語に訳す場合には、困る点がずいぶんある。あるいはあまり困ったために、そのままその言葉を使う場合もずいぶんある。同様に経典を訳す場合にも、どうしても原語の意味を完全に訳すことができないことがずいぶんある。そこでその当時の人たちが梵語を漢文に訳するという場合にはどのくらい苦心をさせられたかわからぬと思う。われわれは今日、平気でその苦心の結果の、いろいろの言葉を使っていて、しかもその言葉のできるまでに、われわれの先覚者がどのくらい苦心させられたかということを知らずにいるが、この点では、ずいぶんその点に対して先覚の恩を忘れているようなことがあるかと思う。この点、その方面の歴史があっていろいろの事を知らしてくれる。それによって私どもは古人の苦心を味わうことができるが、これははなはだ感謝しなければならぬことである。それはとにかくとして、この三菩提、あるいは略して菩提という字は訳せないのでこのままで用いたということになっている。

そして、その理由はというと、われわれは古人の苦心を批評することができる場合があるものと思う。古人の苦心は買わなければならぬ。けれどもまた、われわれは古人の苦心によって教えを受け、その結果として古人の右に出ずることのできるような立場に置かれている。それで古人の苦心を忘れるということでなくして、古人の苦心によってわれわれはその豊かなる恵みを受ける。そうして、さらにその力によって何か古人の未到のことを言い得ることができるとすれば、古人もいくらか苦心のしがいがあったということにもなるであろう。しかも、そういう風に考えないということと、世の中はとても進歩をしないと思う。その意味に解釈して、この三菩提ということも、もともと言語では表現することのできないもの、また理屈で教え示すことができないものであり、これを漢文に訳すことが不可能であるところから、そこで梵語のままで伝えている。すなわち、阿耨多羅三藐三菩提《あのくたらさんみやくさんぼだい》ということを、そのままで使われて来ているのである。近ごろ西洋の学問がたくさん輸入されているので、学問をしない人々が、「西洋の言葉をたくさん使うので、本を読んでもわからぬので困る」ということを言うが、あるいはそんなこともあるかも知れない。しかしその言葉を覚えるとそれを訳した言葉ではどうも意味に物足りないものがある。単に学問を衒《てら》うとか、あるいは自慢顔して言うというのではなくして、原語に慣れ親しんでくるというと、自然に語そのものに親しみというものを感じてくるから、自然またこれを口にして言い出すということになる。梵語を中国語に訳す際にもきっとそういうことがあったために、この三菩提または菩提という言葉も、原語のままに採用されたものと考え得られる。禅宗の方では一喝一棒《いっかついちぼう》を行ずるなどといって、俗人から見ると何かしら芝居がかりのように見えもするが、そういうことをやっている側の人たちから見ると、そういうことをやることによって、初めて自分の意思または体験の表示が認められるのである。とにかく、三菩提という字を他の言葉で現わすことができないから、そのまま使ったというところに一つ目を着けなければならないと信ずる。

それは、知的仏教という、知ということは文字で、文字は知ということである。また、文字は言語と同じことである。ゆえに文字ということも、また言語ということも、共に知的ということになる。この知ということを、文字で現わすことができない。言語道断であるということの意味は、知的判断では、到底表現し、また判断することができないという意味になるのである。知恵では到底わからぬ。知恵でわからぬということは、知恵というものの性質を考えてみないとわからぬ。知恵とはどんな意味か、これは判断ということの意味である。判断というのは、甲のものと乙のものと対照して、そしてその間に一つの判決を下すということである。そういうことになるのであるから、どうしても物が二つないといけないことになる。二つないとそこに判断というものが生じて来ない。判断が生ずるということは、そこに物が二つあるということである。二つということは、別に二つとは限らないで、三つでも、四つでも、さしつかえない。二つということは、その他にもいろいろなことを意味するのであるから、そうなると、この世界というものは取りも直さずいろいろの物が沢山あるという世界になる。いくらでも限りがない。したがってこの知ということも次から次へと連続して無限であるということになる。しかし、われらの知では、限りがないということにはできない。どこかで限りをつけねばならぬ。が、限りをつけると、またその先を考えなくてはならぬようになる。するとまた本《もと》に戻って来るより外ない。すなわち循環するということになる。人間の知恵というものは、ただ向こうへ行くばかりでなく、またきっと本に帰って来る。そしてここに循環状態になるよりほかはない。これを釈迦《しゃか》が菩提樹《ぼだいじゅ》下において、正覚《しょうがく》を成ぜられたというところに、持って行きたいというのが私の考えである。

お経を読んでみると、――ところがお経にもいろいろある。またお経の中には、いろいろ矛盾していることもある。奇蹟《きせき》ということは、どの宗教にも、存在するが、お経の中にもずいぶん存在する。信じられないようなことも沢山あるが、それを真実であり得ないとか、信じられないことだというようなことは、局外に立つ者の見方であって、その信仰のうちにある者にとっては、決して嘘だとは考えられない。たとえそれが科学的であろうが、あるいは非科学的であるとしようが、信仰者の目から見ると、ほとんど皆事実だということになるのである。そこでお経にもいろいろあるが、今私は仮にそのお経の圏外に立ってみると、そのお経の間にも、いろいろ矛盾した事実がある。釈迦が菩提を成ぜられたということも、四諦《したい》とか、十二因縁ということを順逆に観じて、そして何度もそれを繰り返して、ついに第七日目の朝、暁の明星を見て、豁然《かつぜん》大悟せられたということになっている。普通仏教を研究する学者は、釈迦の説かれた原始仏教――大乗でなく小乗仏教――は四諦（苦、集、滅、道）ということ、十二因縁（無明、行、識、名色、六処、触、受、愛、取、有、生、老死）――これは無明というものから始まって、そして生老病死ということで終わるのである。が、これが十二の階段に分かれている。その最後は死するということがあるのであって、いちばん初めには無明がある。無明というものからわれわれが生まれて出る。生まれて出たということがあるから死ぬるということがあるということになって、その間にいろいろの階段がある訳で、そういう十二因縁という一の連鎖がある。ところが、その連鎖というものを、釈迦は順逆に観ぜられた。というのは無明の次に行ということがある、これすなわち働きである。その行というものから今度は識が生じて来る。そういう風に順序をだんだん追うて生まれたということがあるから病気することもあり、死ぬるということもある、という塩梅《あんばい》に世間の相を、順序を追うて観じられたのである。と同時に今度はこれを逆に観ずるというと、いったい仏教では因縁ということをよく言うが、こういうことがあるから、ああいうことがある、こういうことがなければ、ああいうこともない、ということになる。イがあるからロがあり、ハがあるのである、これは順の方です。逆に行くというのは、ハがあるのはロがあるからであり、ロがあるのはイがあるからであるとする。これが因果の理法である。そういうことを順に逆に観じて、その結果、暁の明星を見て豁然大悟したということになれば、その十二因縁を順逆に観ずるということと、暁の明星を見て悟るということとの間に、なんらかの関係があるのであるか、これはよく考えてみるべきである。普通には十二因縁を観じて悟ったということにして、その間の関係というものは、明らかでないように思われるのである。禅宗の人たちは、拈華微笑《ねんげみしょう》という点をやかましく言うように思われるのである。けれどもこれを学問的に考えて行くときには、この拈華微笑という事実が果たしてあったかどうかはわからない。ただ、釈迦が三菩提を成じたということだけは確かにあったらしいのである。これはどうも釈迦の一代の上に一時期を画するところの事件であるので、悉多《しった》太子というものが、仏というものに変わったのであるから、この悟りということは確かにあったことであると思う。そうすると十二因縁と悟りということとの関係がどこにあるであろうか。釈尊はいろいろと六年間、この十二因縁を順逆に観じて修行せられたが、その最後には、どうしてもこの悟りを得なければ、この座は立たぬという決心をせられた。この決心というものとよほど関係があるのであるからこれを見逃がしてはならないのである。四諦、十二因縁と言うが、数は何でも構わない。とにかく、因果の連鎖というものがあって、その連鎖の一つ一つに関係がついている。そして行きつ戻りつやっていて、その内から外に出ない。一ぺん泥田に足を踏み込んだならば、どうしても出ることができないというのがわれわれが持って生まれた知というものの本来の性質である。石を上へ投げあげるというと、これは引力で必ず下に落ちる、これはそういう約束である。知というものは、何かここに一つの物が出て、そしてそれから次へ次へと因果の理法を践《ふ》んで行くときには、どうしてもそれに引きずられて行くものである。そうしてそれよりほかに行く道を持たない。それで、私は考えるに釈尊は七日目に成道せられたということになっているが、これも果たして七日目であったかどうかはわからない。が、七日目というのはちょうどよい具合の時期であって、これは心理的にまた歴史的にそういうことになるべき理由があったのだと思う。釈尊が順逆に観じてもわからぬ、一歩も圏外に出られぬ、どうしても本当のところがわからぬ。無明に止まってその先はどうなるかわからぬ、死に止まってその先はどうなるか知らぬ。無明ということが、どうして来るかがわかれば、死んで行くさきもわかろう。未《いま》だ生を知らず焉《いずくん》ぞ死を知らんやという訳で、生がわからぬと死もわからぬ。無明ということが、どうして出て来たか、どこから、なぜ出て来たか、この疑問を解決しなければならぬのであるが、それはこの十二因縁の圏外に脱してみなければわからぬものである。十二因縁をやたらに上下順逆に観じても、その疑問の解決はつかぬ。東海道五十三次というものを、京都から立って東京に行って、東京を立って京都に何遍往復しても、東海道五十三次は五十三次で、これを包含している全体の地理的関係はわからぬ。今なら飛行機でその圏外に、超然として一遍、出なければならぬ。圏内にあってはわからない。けれども圏の外に出るということだけではいけない、外に出ると同時に内にはいってみないとわからぬ。十二因縁というものを超越しないというと、十二因縁はわからぬが、また同時に十二因縁の中にはいらないと十二因縁はわからぬということになっている。そうすると、この三菩提ということも、釈尊がいくら十二因縁を一番から十二番まで、順逆上下してもそれだけでは、わからぬのである。普通には、この十二因縁の順逆観と仏の成道体験の内容を、十分に関係づけて見ることをしない。それでは本当に成道もわからず、十二因縁そのものの意義も解せられないこととなる。何かここに一つの体験がないと、話の決着がつかぬことになるのである。

そのものを、そのものと見ることのできる人は、すでにそのものから超越した人である。何か苦しいことがある。あるいは暑い、寒いというときに、苦しみを苦しみと観じ、寒暑を寒暑と観じた人は、それを超越することができた人なのである。そういう風に気のつくということは、動物にはできないが、しかし人間には可能である。そこが人間の妙である。そこに意識というものが生じて来た訳である。動物には、自分というものを自分で批判する力がない。人間になると鏡というものに自分を写して、そして自分を批判して「これはいかにも下らぬ顔をしているなあ」と、自分で自分を考える力がある。これが人間の特色であって、同時にその特色によって、人間は万物の霊長となる。けれど、この特色がまたすこぶる厄介なものでもある。すなわち、この因果、十二因縁というものを観ずることのできるのが人間であるが、しかも、そういうことを批評的に見ることができると同時に、またそれに捉《とら》われて、それ以外に出ることができなくなる。これが人間の弱点である。

これまで述べて来たのは、知的方面の三菩提であるが、これはまだ物と自分との一致の境界でない、これがないと本物の体験ができない。直覚すなわち個人的体験がなくては、宗教は物にならないのである。なぜ直覚でなければならぬかというと、ここに鉛筆があるとする。われわれはこれを鉛筆という名をつけて、そして使用している。しかしながら鉛筆というのはこの物に対して私どもが与えたところの名であって、この物それ自身ではないのである。鉛筆というのは名であって、本当の鉛筆はこの物である。だからこの物を出さなければわからぬのである。しかるに、この名をつけないときには話をするのに非常な不便を感ずる。一々その実物を持って来なければならぬ、それを鉛筆とか楓《かえで》とか名をつけておけば話をするときに、その物を出さなくても済む。そこに大変な重宝さがある。またここに金というものがある。すこぶる重宝なものである。そして重宝だからというので金そのものがありがたいことになっている。しかし金というのはその物に与えた名前であって本当の金は金その物である。これをよく知らねばならぬ。昔話に、小判、大判を集めておいて毎日それを眺めては、喜んでおったという人があったというが、俗にこれを守銭奴と言って軽蔑《けいべつ》する。しかしこんな人はもうすでに小判、大判を銭として見ているのではなく、小判、大判そのものとして、銭の考えから離れて楽しんでいるので、畢竟《ひっきょう》は、一種の審美的、芸術的生活にはいった人である。小判、大判が本当に金と見られるときは、これを使うときである。すなわち金が世の中に出て役に立つようになるときである。たとえば、ナポレオンがロシアを征伐したときに、モスコーに攻めこんだが、市街は焼き払われていた。そして誰もいない。ナポレオンの兵隊は金さえあれば自分の欲する物は何でも買えるというので、むやみに金を掠奪《りゃくだつ》して引き上げた。けれど、いくら金があっても、大雪の中を引きあげるに、それが直ちに自分らの飢えを癒《いや》しもせず、また自分らの寒さ凌《しの》ぎにもなってはくれない。金はあってもパンがなければ役には立たぬ。そうなると沢山あればあるほど金が荷厄介になってくる。それも腹が減って来るほど、なお厄介物になってくる。それでことごとくその金を捨てて、そしてなるべく身軽になって早くパリに帰ろうとしたという。こういう話があるのであるが、もっともよく金というものの役に立たぬ方面を現わしていると思う。

ところで、話をもとへ返して、松の木というのも、梅の木というのも、それはわれわれが仮につけた名であって、梅そのもの、松そのものではないのである。仮にそう名づけておくだけのものである。われわれが梅と言い、松と言っているけれども、本当に梅そのもの、松そのものを表わしているかどうかは疑問である。われわれが梅と言うときには、いわゆる春に先がけて咲く、匂いの高い花で、初夏には実を結ぶ、その実は酢っぱいものであって、われわれは塩漬にして食用に供する。コレラの薬になるというようなことで、梅がわかったような心持になっている。ところがそういう考えをいくつあつめても梅というものができるかというと決してできるものではない。似て非なるものができてくるだけである。いかにその条件が完備しておっても、それは本当の梅にはならぬ。南画の絵師のよくいうところであるが、曰《いわ》く自分らは、梅なら梅、そのものを描くのである。梅の外観にのみとらわれないで、その精神を見るのである。すなわち「自分が梅の木になって描く」ということを言うが、実際その通りである。梅の特質は、われらの目にのみ見えていないところにある、これを攫《つか》むことが第一条件である、梅は梅として、松は松として、竹は竹として、人間たるわれらによって、そこに捕捉《ほそく》し得らるる一物がある。それを一つ直覚しなければならぬ。それは理屈ではない、分別ではない、概念ではない、直覚的のものである。これはその中に自分を没入することによって獲られる。そのものの中にはいって、そのものになりきった時に、初めてそのものの真面目がわかるということになる。それが人間にできるというところに人間の卓絶した働きがあるのであると思う。それを個人的経験、または体験と言うのである。これが知恵というものであるならば、それは他人から、またはよそから伝え得られるでもあろう。が、ただそれが一種の直覚である以上、その物の精神と言おうか、あるいはその物をその物たらしむるゆえんのものと言うか、とにかくそれを自分自身に体験してかからぬというとわからぬのである。

世界が創《はじ》まって以来、何万年、何億年たつか私は知らぬ。またこの人間というものの棲《す》んでいる世界というものが、どこか他にもあるものかどうかも知らないが、とにかく、いろいろの人間が沢山いる。けれど同じ人間というものは決して一人もいないのである。その点で私どもはたとい釈尊には及びもつかないとしても、すなわち天上天下唯我独尊とは言えないでも、ある意味においては、われわれも唯我独尊と絶叫し得ることであると思う。そこでここに私というものを形容するに、できるだけ細かく形容して、物理学的にも、生物学的にも、解剖学的にも、一々検査してそして細かく項目を挙げて、そしてそれと同じものを他で見たと言っても、それは私ではないのである。他の人である。個人というものは、どうしてもここに一遍生まれて出た以上は、これを重複させることはできないのである。何億何千年先になっても、自分というものを繰り返すということはでき得ない。ここにかく生まれ出たものがあるとするなら、これ以外に、過去にも未来にも、この自分というものは二つとないのである。ここに独尊の原理がある。知識というものは、自分の言うことが人にわかり、人の言うことが自分にわかるようになるのを言うのである。この知識でわかるところのものは、それは本当の三菩提《さんぼだい》ではない。それは直覚と言うものでない。それゆえ、どうしても、自分だけで、わかるようにしなければならぬのである。そんなものを捉えるようにしなければならぬ。そこに繰り返すことのできない、古今唯一にして無二なる個人が見出されるのである。自分はこんなものであるから、どうしても直覚によらなければ自分はわからぬ。もしこれが他人の言うことが自分にわかり、他人に自分の言うことをわからせる知識が概念であれば、本当の自分はわからぬ。幸いに直覚というもの、個人的体験というものがあるので、自分もわかり、したがってまた他人もわかり、梅も竹もわかり、天地も社会もわかるのである。知識だけでは親しくならぬ。親しきを得んとするには、どうしても、直覚、個人的体験が必要になって来るのである。そこで自分というものを中心にするのである。

自分を中心にするということは、普通にいう世間の我執、我慢の我という意味でないことはもちろんである。この我という考えも、道徳的の我とか、あるいはまた宗教的の我とかいうものも皆我という名をつけているが、しかし、それもその方面によってその意味が違うのである。自分がここに主張するところの菩提知とでもいうものは、それは各自に体験してみなければならぬ、自分で自覚しなければならぬというような純粋の知であると、こういう風にご了解を願いたい。直覚我とでも言うべきか、まず一応こんな風に解釈を施しておかねばならないと思う。

さて今度は、話がだいぶとんで、インド禅と中国禅との関係を述べることになるのであるが、これは中国や日本の禅宗の禅というのとインドで禅定というのと、だいぶ意味が違っているということを説くのである。普通にインドの禅定ということは、ただ心を静めるというようなことになるのである。そこになんら知的に展開したところがない。「なるほど」というような心持に転じたところがない。体験したところがない。禅宗の禅というものは、そういう方面のことを言うのではなくして、禅定なら禅定でよいが、そこから出て来るところのものが一つなければならぬ。釈迦《しゃか》の時代のインドはよほど哲学的傾向があったというか、宗教的傾向があったというか、その修行がすこぶる盛んであったらしい。それで釈尊は二人の哲学者を師として尋ねられたということであるが、これは二人だけでなく、いろいろ尋ねられたに相違ないと思う。けれどもいずれも満足せられなかった。知的方面に満足せられなかったと同時に、禅定の方においても満足せられなかったものと思う。そこで何か展開することがなければならぬ。何か目を開くところがなくてはならぬというのが、釈尊の考えであったと思う。

私はインド禅ということについては、まず大体そんな風に考えているのである。中国でいう禅は特殊の形式において現われている。今日においては、公案というものができて修行せられているが、公案ができる前における中国の禅宗というものはどういうものであったかというと、一問一答で、問いを出して、これに対して答えをする、あるいは一棒一喝をくれるということもあったが、とにかく問いを出して、答えというものがあって、そしてその間に禅宗が高揚せられ、開発せられたということになるのである。ところがこれに反してインドの禅はそうでなかった。それならば、この菩提というものの消息、内容はどういう風にお経に伝えられたかというと、これはお経を読んでみると、奇蹟《きせき》ということがいくらでもある。キリスト教の方でも、聖書を見ると、キリストは海の上を歩いたとか、一片のパンを割いて何百人という人の飢えを満たしたというようなことが書いてある。仏教でもそういう奇蹟が沢山ある。ある女性の仏教者は大地を踏まずに歩いたということがある。非科学的で、普通で考えられないことをやっているということは、畢竟かの三菩提ということの内容を言葉では現わせないから、仕方のないところから、そういうような方面で現わしたものと考える。また、言語に絶したところの方面を現わしたものと考えるのである。また維摩《ゆいま》というのは方丈という狭いところにいたと言ってある。文殊《もんじゅ》が沢山の坊さんを引き具して維摩の病気見舞に釈迦から遣わされたときに、文殊の一族は非常に多人数であったのだが、それが皆ちゃんと四畳半の方丈の中にはいってしまった。私はインド人ほど想像力の豊富な民族はないと思っているが、天上界には匂いだけで生きている世界があって、それを香積国と呼んでいる。その香積国の菩薩たちが維摩のところにやって来たが、これもその四畳半の方丈に皆はいってしまったと書いてある。それがために維摩の方丈が外に広がったということもなかったそうで、とにかくそういう訳で理屈ではわからぬ不思議なことを実現した。奇蹟的のことを実現した。しかして、それは何であるかというと、私はそれが畢竟インドの禅であるのだと思う。

インドの人は禅ということの内容を現わすに、どういう方面に現わしたかというと、中国のやったように、一喝一棒というのではなくして、インド的に現実に即して、しかも現実を離れた世界をそこに描き出すことである。先に言ったごとくインド人は想像力の豊富な民族である。数字で現わすことなども、とうてい中国や日本などの真似ができないものがある。普通ならば、非常に大きな数であったと言うべきところ、すなわち漠然とした概念だけしか得られぬところを、インド人はちゃんとそれを細かに記述して行く。たとえば、何十億里と言うところへ行くと、そこに一つの世界がある。その世界を何十億合わした世界のまた先に行って、そこにある世界をことごとく微塵《みじん》にしてしまう。そしてその微塵を一つずつ勘定してみたらばどうだ。それができるかどうか、と、こうまず尋ねる。それはできぬと答える。そうすると仏の生命の永いのは、その勘定のできぬ微塵の数と同じだと言う。インドではただ勘定ができないとは言わぬ、これを仮定の事実にあてて細かに記述する。これはインド人独特の頭の働きである。そういう頭を持っているインド人が三菩提の特色をどういう風にして言い現わすかというと、今言った維摩の方丈であるとか、月上《げつしよう》女《によ》が空を歩いたというような奇蹟で現わしている。こういう例はいくらでもある。法華経《ほけきよう》の中に仏は眉間《みけん》から白毫《はくごう》の光を放つと西方何万億土というものを照らして、その土の仏たちをことごとく現わした。そしてその仏はことごとく蓮華《れんげ》の上に坐《すわ》っておられるなどということがある。かくのごとく言葉で表現のできないことを言い表わそうとするときには、想像力に訴えてやるより他はなかろうと、私は思う。これがインド流の禅の意味の表わし方でないかと思う。

中国になるとよほど様子が変わって来る。中国人というものはきわめて実行的な人間である。老荘の書物などを読んでみても、やはり天下国家というものを口にしている、老子のような超越的な人でも天下国家を論じている。どうしても中国人はこの世の係累を離れることのできない人間らしい。これが中国人の理想に現われる。すなわち福禄寿《ふくろくじゅ》ということになる。福は富貴が続く、禄は金がある、寿ということは生命が長い。何を見ても中国人は寿という文字をいろいろ美術的に飾りつける。だから仙人になるということは中国人の理想であったらしい。これは単に仙人のようなものになるだけでなくして、いわゆる若返りというような方面のことを目的としたこともあったようである。菩薩《ぼさつ》のようにこの世界の人が一人でも救われぬ間は、涅槃《ねはん》にはいらぬというような誓いを立てたのとは、だいぶ中国人は違っている。菩薩思想はインド人から伝わった理想であって中国人にはなかったのである。中国人は実用向き一方で、国家というものを超越したようなインド的国民ではないのである。そういう国民の間にはいってきて、禅は、いったいどうなったであろうか。いちばん初めに中国にはいったのは達摩《だるま》であって、達摩の禅はインド的であったが、達摩から二百五十年ほどたって、六祖に至って中国禅というものができたと思う。

禅というものは具体性と創造性を帯びたものである。概念的なものではない。漠然としたもの抽象的なものでなくして、具体的なものである。禅宗の人が働きということに重きをおくのはこの理由で、理屈でもなく、概念的な漠然としたものでもなく、働きということは具体性を帯びているということである。個人の体験ということができれば、それから自然に出て来るものは具体性そのものであるに相違ない。そこになると学問というものにならないで、具体性を帯びた一つの働きが出て来るに相違ない。また、それと同時に創造性というものが生ずる。新たに今までになかったものを創って行く。日に新たにしてまた日々に新たなるのである。個人の体験ということの本当の意味に徹した人には、その人の生き方には、人のことを真似したものがない。天地間はそのときそのときに創られて行くと言ってもよろしい。その人のやることはことごとく創造性を帯びていると言わなければならぬ。それで人がやっているから自分もそうするということでなくして、その人のやることは、いわゆるその心の中から発露したものである。これは子供を教育するという上においても、ことに宗教というものを人に伝えるという点においても、やはりこの創造性ということを軽視してはならないのである。

科学というものはまことに結構なものである。われわれの生活というものが便利になり、物が安直になり、昔は大名か大金持でなければ、手に入れることもできなかったようなものが、今はわれわれ誰もが平等に口に味わい、身に着けていることができるのである。その点はまことに結構であるが、それと同時に人間がことごとく人形になってしまった。機械になってしまった。これは私は近代文明の弊害であると思う。機械を使うというと、人間が機械になるのでないことはいうまでもないが、人間はまた妙にそれに使われる。使うものに使われるというのが、人間社会間の原則であるらしい。人間が機械をこしらえて、いい顔をしている間に、その人間が機械になってしまって、その初めに持っていた独創ということがなくなってしまう。近代はますますひどくなってその弊に堪えぬということになっている。

この弊に陥らざらしめんため、宗教がある。宗教は常に独自の世界を開拓して、そこに創造の世界、自分だけの自分独特の世界を創り出して行くことを教えている。宗教によってのみ、近代機械化の文明からのがれることができると私は思う。それでますます宗教というようなことを、どの方面からでも説明のできるような具体性と創造性を兼備した、この禅のごときものを、ますます今の世界に広めなければならぬ。ただインド的の禅定というものの外に、また中国的活動の禅、創造性の禅を鼓吹したいと思うのである。また、それと同時に、物を離れて物を見る、この機械となっている世界を離れて、別に存在する世界を見る、すなわち物の中にいて物に囚《とら》われぬ習慣をつけておかなければならぬと思う。朝から晩まで慌《あわただ》しい、機械化した生活から一歩退いてその圏外に立って、この世界を見るということができねばならぬ、すなわち坐禅《ざぜん》をしてみるというだけの余裕ができなければならぬと思う。そういう機会を忙しい忙しいと言いながらも、やはり何とかして作っておく方がよかろうと思う。なお、このことについては、また改めて申し上げる機会があると信じている。

第五講　心理学から見た禅

中国における禅の初まり――主知主義、形式主義に対しての反抗――神秘的経験――論理主義と禅――禅の心理学的基礎――意識下の精神活動――禅の心理学的説明――公案の心理

禅の歴史を申し上げるということになれば、だいぶ面倒を要するのであるが、中国における禅の初まりということも、専門の学者の研究によると、かえって普通に禅宗で唱えているようなものではないのである。たとえば菩提達摩《ぼだいだるま》というのが、梁《りょう》の武帝のころに、中国にはいって来た。それが中国における禅の初まりであるという風に、禅宗では言っている。中国では達摩が初祖すなわち第一祖であって、インドの釈迦《しゃか》から数えて二十八代になる。こういうように言っている。けれども歴史家の研究では中国にも達摩以前にすでに、禅はあったものだ、と言っている。それからまた達摩という人物も存在したか否かわからぬとも言っている。達摩が梁の武帝と会見したということも事実でなかろう。仮に達摩は存在したにしても、この会見は事実でなかろう。とこういう風にも言うのである。しかし、そういう方面の研究というものは専門の研究になるのであって、普通にわれわれが禅学とか、禅宗というものを学修する点においては、そういう歴史上の経緯は、知っても知らな

くてもさしつかえない。普通に言う通り、達摩がインドにおける二十八番目の祖師であって、中国における第一祖であると考えてよいのである。それで今この話が出たものであるから、ついでに達摩の存在の有無について私の意見を述べてみる。達摩は歴史上の人物であった。これは確かである。けれども梁の武帝と会見があったかなかったかということは決して分明なことではない。禅宗の人があったと言うから、あったにしておいてもよかろう。これが私の立場である。それから禅は達摩以前にも中国にあったと言うけれども、これはある意味でいえばもちろんあってよい訳なのである。けれども、また他の意味で言えば、あったというのではない、やはり達摩が伝えたと言ってよかろうと思う。それはどういう訳かというと、ものを始めるということは、決してその日から始まったということはないもので、その以前からいろいろと醸成せられていて、それがある時期に至って初めて具体的な形をとって来るのである。醞醸《うんじょう》時代とか、酒の醱酵《はっこう》時代というようなものが続いて来ておったに違いない。それがいつか、今日からという時期を限ってその初まりを言わなければならぬとしたならば、やはり達摩が初めて、インドから来て伝えたと言ってよかろうと思うのである。

それはどういう意味で達摩が伝えたかというと、そのときの中国の仏教というものは、主知主義というか、形式主義というか、それが非常に盛んであった。仏法が中国に渡来してから、すでに何百年と経過しておったのであるが、中国人がインドの仏教に対して、第一に感心したところは、すなわち、中国人の心を動かしたところは、どの点であるかといえば、いかにも論理のつんだ、知というものの働きの盛んに動いているところのその一点であった。これは中国人には足りないところである。中国という国は古い国で世界文化の一つの中心であるが、論理というものは中国に発達しなかったものである。ところが、これに反してギリシャにはアリストテレスの論理が完成した。インドでは因明《いんみょう》というもの、すなわち近ごろのわれわれの言葉でいうと論理ということに当たるのであるが、それが発達しておった。このインドの因明とギリシャの論理と、ユダヤの宗教、これが世界の文明の三大中心であると言うが、それを認めるならば、その三大中心の二つが、ギリシャとインドで論理というものとなって発達しておったのである。そして、中国にはこれがなかったのである。あったにしてもきわめて幼稚なものであった。それで中国にインドの仏教がはいって来たときに、それを見て中国人はすこぶる驚いた。いかにも論理がつんでいる、いかにも理屈が完成している。そういうところに心を打たれたのである。豊富な思想と想像をもって満たされたインドの仏教というものがその国にはいって来たとき、この方面に貧弱なる中国人はその思想の上において応接にいとまがなかったくらいびっくりした。それで自分の足りないところを仏教に見、すなわち主知主義というものを形成したのであると思うのである。自然に主知の方に向くということ、中国人がインド仏教に対してそういう反応を呈するのは、自然の結果に出でたものであると思う。そのころの仏教のいかに主知主義であったかということは、般若経《はんにゃきょう》というものが中国に広まったことから、また天台、唯識、華厳というようなものが盛んに唱えられたということ、そういうようなことによっ行なわれておったこと、これが注目すべき事実である。この形式仏教というのは外面主義というか文字主義というか、表にあらわれたところをとるのである。富は屋をうるおすという言葉があるが、あるいは徳は身をうるおすということもあって、内に徳があれば自然とそこに一種の光が出るというように、また人間という一つの精神があったならば人間という体ができ、犬や猫という精神から犬や猫の体ができるというように、体というものと心とは、内と外がうまく相応しているとすれば、この形式主義も成り立つ訳である。内のものが外に現われる、内外の関係が相応しておれば、そこに形式主義というものが成り立つものである。そしてこれは悪いものではない。が、その意味を誤って形式だけになるとすれば、これはもとよりよいことではない。そのころの仏教というものは、仏教の形についてまわったということがよほどある。保守主義と進歩主義というものがあるが、保守主義は形式主義に近いし、進歩主義は精神主義、自由主義に向かいやすい。それでこれは仏教の初めからあることで、大衆部と上座部というものである。上座部というのは保守主義で、形式主義であり、大衆部は進歩主義、精神主義を標榜《ひょうぼう》していたものである。これは政治の上においても、人間の思想の上においても、この二者は対立してできるようになっている。それで中国の仏教はどの方面において形式主義であったかというと、日本では律宗ということになっている。その律に従うと、僧は二食または一食である。インドにおける仏僧の戒律は、そんな風で、食事は二度ということになっている。理屈だけで言えば、二度でも三度でも勝手次第にその人の生活の模様とか体質によって定めてよいのであろう。けれど、それは今日われわれの考えで、インドのそのころは食事は二度ということになっておったものらしい。詳しく言えば昼一度である。朝はお粥《かゆ》で、晩は食べない。昼をしっかりたべる。もし晩を食べるとするならば、固《かた》いものをとらないで液体をとることにする。流動物をとるというにすぎなかったらしい。それで晩のご飯をたべれば、これは非時《ひじ》と呼び、昼を時《とき》と言う。ちょうど食事の時だという意味でないかと思う。それから晩のご飯をまた薬石ということがある。石は薬の義である。晩のご飯を食べるというのは、本当でなく、薬のつもりである。ということになっている。そして昼のご飯は十二時過ぎるともう食べない。三分か四分かでも過ぎるともう食べない。それで中国のそのころの形式主義というか、保守主義の例をいうと、あるとき梁の武帝であったか、天子が僧侶《そうりょ》に沢山のご馳走《ちそう》をして出したときに、日影で時間を計算するのであるが、「どうもこれは十二時を過ぎているようだ」と言う者がある。それで坊さんの中に議論が出て食べていいか悪いか、どうも十二時を過ぎているような気がすると議論をしたものである。するとそのときに、天子の言うには「ちょうど今が十二時である」と言われたので坊さんは、「天子が十二時だと言うのであるから、それに相違ないだろう、食べよう」というので食べたという話がある。そういうように厳格なことは、いいような悪いようなものである。悪い方からいうと、形に囚《とら》われて、十二時が一分一秒過ぎても飯を食わぬということになる、ちょっと困った話である。しかし、また一方からいうと、一分延びてもよかろうというと、一分が三分でも、五分でも、三十分でも、一時間でも、あるいは五時間でも、十時間でもよいということになる。それゆえどこかできちんと定めておかないといけない。たとえば法律の裁判においても、あまり文字通りに、きちんと当てはめたりしたならば、すこぶる冷酷な人情味のないものになってしまうということもあろう。が、物にきまりをつけるということになると、きちんとする方がよいかも知れない。この間の消息が今日の人心の動揺している一原因ではないかと思う。整然と定めた方がよいかと思うと、定めて悪いこともあり、定めないと取締りのつかないことになる。その加減がむつかしい。それがうまくできると人心の安定ということができる訳になるのである。

それで形式主義というのはその一方を代表している。それに反対して達摩《だるま》が出て来た。そしてこの達摩が出て来たということは形式主義でなくして、今度は精神主義、主知主義でもなく論理ということでもなくて、論理以外のところに、人間生活のいきた原理を捉《とら》えなければならぬということを示したものである。その主張がすなわち禅なのである。そこで彼は声を大にして主張したという訳なのであるが、しかも実をいうと達摩は嵩山《すうざん》という山の少林寺で、九年面壁したというから、黙って九年間、宣伝したわけである。声をひそめて、声を小さくして、宣伝した訳なのである。しかるにそのころの形式主義、主知主義の人々はよほどこの達摩に反対し、かつ圧迫したということである。これはいくらか本当であったと思う。けれど達摩が毒殺せられたという話は、それはどこまで本当の話であるかちょっと見当のわからない話であるが、とにかく一部の反対があったということは確かである。さてその宗教上、たとえどの宗教であるといえども我ということをとらなければならぬ。我というものがあるから、いろいろ面倒なことが起こるのである。我をなくしてしまうと、そこに本当に宗教の光も現われてくる。この事実はどの宗教でも教えることがあるが、世の中には宗教者ほど我慢の多い者はない。それで仏教の中にも、いろいろの宗派があって、お互いのことを悪く言い合いをする。諸悪莫作《まくき》、衆善奉行と言うのであるから、人はどうでも自分が悪いことをせずに、いいことをしておればいいようなものであるが、それが人々にはかえってできない。それでいろいろ議論があることになる。いろいろの議論があるからして、そのいいことをするということについては、たとえ彼らは一致していても、いいことをしなければならぬという理由については、一致していないために、二六時中喧嘩《けんか》をする。共同しなければならぬ場合でも、共同しないということになる。ここにまた宗教学上の面倒な問題もあるのであるが、由来人の心の働きには両面がある。信仰というものもただ一面にのみ働くものでなくして、むしろ二面に働くものである。これについてはいろいろの議論も出て来るのであるが、それはとにかくとして、この達摩にさほどの反対があったということからしても、この達摩というものが、いかにそのころの形式主義、主知主義に反対したものかということが明らかである。禅宗の方では、教外別伝、不立文字《ふりゅうもんじ》ということを唱えるであろう。これはちょうどその形式主義の裏、その主知主義の裏を唱えたのである。

そこでこの教外別伝、不立文字ということを、今日の哲学者、宗教者の使う言葉をもって言うと、神秘的経験ということである。教えの外に別に伝えたというので、いろいろと別な教えはないけれども、そういうものによらないで別に釈迦《しゃか》の精神を伝える。それを神秘主義と言うのであるが、それを教外別伝、不立文字という言葉で言い表わしたのである。これを達摩が伝えたということになる。そこでこの主知主義と論理主義というものは、宗教にはなくてはならぬものであるが、しかもどちらかに偏する場合に至ると、そこに弊害が生じてくる。二つが相寄って、そこに宗教というものの全き形が備わる。主知が盛んになったときは、どうしても一方に神秘的経験が重んぜられる。すなわち教外別伝的の思想というものが、高く唱え出されなければならないのである。この教外別伝が高唱せられていると、今度は主知というものが出て来なければならぬ。そこで中国の仏教史を見ると、禅宗が盛んになって来て、――禅宗は教外別伝というのであるから、釈迦所説の経文中のあらゆる文字は不必要である、一切無益なものである、形に囚われたものである、形式にすぎない、だからそのようなものはどうでもよろしい、禅宗には公案というものがある。という具合で宋の時代になると、その弊に堪えられないというくらいになったものである。そこで、それにその反動として立ったものがすなわち天台の人々で、彼らの主張によると、お経にはいろいろの理が説かれてある、そのお経の一巻も読まないでどうして仏教家ということができるか。それでは仏教家とは言われぬ。また、仏教とも言われない、とこういう具合に排斥した。しかし、また禅宗には禅宗の主張がある。つまり、そんなお経ばかり読んだとて何になる、という訳なのであるから、始終天台と禅宗とは、宋の時代には喧嘩をしている。しかし、これは宗教学の上から言って、両面なくてはならぬ、両者相扶《あいたす》けて行かなくてはならぬものである。人間というものは、そうはできないで、一方に偏するものである。それがために達摩が出て来る、天台が生ずるというようなことになったのである。しかし宗教というものに、力を与えるのは、どうしても神秘的経験でなければならない。神秘的経験というものはいつも新しいものを作り出す動機である。非常に宗教が主知主義に偏するというと、一つの型にはいってしまう怖れがある。そのころになると神秘的経験をやかましく言う禅宗といった、そうしたものがその固定した形にはまらない新しい運動を逐次発展させるようになる。新しい運動の出て来る根源はどうしても主知主義ではあり得ない。神秘的経験でなければならぬ。この意味において禅宗というものはよほど生命が溌溂《はつらつ》としているということができると思う。

禅というのは、すなわち神秘的経験ということである。神秘的経験とはどういうことになるかというと、人の心の働きには理屈で説くことのできない一つの経験がある。その経験というものを経て来なければ人間というものの生命がのらぬ。形式になってしまう。その経験にふれたならば、形式そのものさえも変わって来る。そして生命が流れる。その経験ということのみに力を集中してかかろうというのが禅である。禅宗というものはお経を頼らぬ、教外別伝というので禅宗は経典を無視したものである。楞伽経《りょうがきょう》を読んでみるとそう書いてある。禅には所依《しょえ》の経典がない。たとえば真宗なれば阿弥陀経《あみだきょう》であるとか、無量寿経であるとか、法華宗《ほっけ》であると法華経《ほけきょう》を頼る。真言宗ならば大日経を所依の経典とするというであろう。それぞれ根本の経典というものがあることになっている。ところが禅宗にはそれがない。お経には頼らぬということになっている。けれども、あるいは金剛経によっているとも見る人がある。がそれもいちばん初めは楞伽経であったという。達摩が弟子の慧可《えか》に、神秘的経験を伝えたときに、この楞伽経を出して、中国には楞伽経というお経が伝わっている。これはわが禅宗の大事なところが書いてあるから、これをもって禅宗を宣伝してよかろうと、その経四巻を伝えたということになっている。それで初め中国の禅宗というものは、この経によって行なわれたというのであるが、それが中ごろの金剛経というものに変わってきた。それは六祖の慧能《えのう》のころから禅宗にとり入れられることになった。これも禅宗が金剛経をとり入れたのか、金剛経というものが、禅宗をはなれて広まっておったのを、禅宗が利用したのか、そのへんはわからない。けれど禅宗が金剛経をとり入れるには理由がある。それはこの経は読みやすい。大して仏教のことを知らんでも読めばわかる。今日の言葉でいうと大衆的民衆的のお経である。そのお経の弘通《ぐづう》するというのは当然である。楞伽経というのは四巻、十巻、七巻といろいろあるのである。達摩が伝えたのはその四巻の経である訳であるが、それはむつかしくて仏教の学問をやった人でもちょっとわからない。それほど面倒なお経なのである。そういうお経によって禅宗を伝えるということになると、今日のように禅宗は広まらなかったかも知れないのである。さて、それはそういうむつかしいお経であるが、しかしまたよほどありがたいところのあるお経である。その楞伽経にこういうことが書いてある。それは宗教というものの本体が説明してあるので、宗教というものには、宗通と説通と二つある。宗通とは神秘的経験であり、説通とは論理的説明である。そして宗教はこの二つがなければならぬと説破してある。いくら宗通の神秘的経験があっても、説通、論理がつまなければ、あたかも、目があっても、足のないようなものである。見ることはできるけれども、足を動かすことができないような有様。説通ということがあっても宗通がなければ、それは足があっても目のないようなもので、見ることができないような有様である。目の宗通と足の説通と相まって完全な宗教ができてくる。完全な仏教ということができてくる。この両方がなくては仏教というものはなり立たない、ということが書いてある。だいぶ話は近代的な説明の形式を取ったことになるが、とにかく、宗通と説通とがなければならぬ。もう一遍繰り返すと、宗通というのは、宗教の神秘性、すなわち主観性の謂《い》いであって、説通は客観性の謂いである。宗教には主観性と同時に客観性というものを備えなくてはいけない。でないと完全なものにはならぬ。それでこの客観と主観、この両方の特性が備わって初めて宗教の完全な形体ができると言われるのである。

それであるから、神秘的経験というのは、主観性の方である。それは自分本位である。いわゆる冷暖自知する底《てい》の消息を伝えるということになる。それはそれで結構である。けれども、言うだけでは果たして自分の経験というものに、客観的妥当性があるかどうかということが問題になる。自分で甘いと、酸いと見ても、それは自分だけのことであって、それを客観的に、普遍的に、果たして真実性なり、妥当性なりが、あるであろうか、これはまた問題でなければならぬ。自分でいいからと言ってきめていると、気狂《きちが》いでも、自己是認という事実はあるのであるから、これではとうてい話がきまらぬ。また一方、客観的には本当であっても、いわゆる鸚鵡《おうむ》のように、人の語を解して、しかも人の心はわからぬというような具合に、文字の上で、また言葉の上ではよく通ずるけれども、自分にはいっこう了解がないということがある。そこで一方に論理的のものがなければならぬと同時に、一方には主観的神秘的経験というものがなければならぬということは、また当然の帰結となる。これが両々相まって行かなければならぬ。が、両方がいつも平行して行くものでない。そこでいずれを重んずるかというと、結局のところは、やはり、自分が出発点となり、合わせて帰着点となるのである。つまりはそれ自身本来の性質の傾向、すなわち主観に決することになる。したがって禅の極致は、心理的方面になければならぬ。すなわち神秘的体験の上になければならぬということである。それで禅宗とは、どんなものかというと、これは哲学では断じてない、その基礎は心理学の上におかれているものと言ってよい。この心理的体験というところに、禅の生命がある。これが禅の根本である。それがすなわち教外ということである。もう一度言うと、禅はいつも自分に戻るということになる。それで禅というものを解釈するに、その説明をどこに求めるかというと、心理学に求めて来なければならぬ。これが今日の心理学から見た禅ということになる訳である。

それで、どうしても禅というものは、論理的ではないのである。というのは、論理を無視するというのではないので、論理に基礎をおくのではなくして、心理に基礎をおくというのである。そうなると禅は哲学ではない。哲学であるとすると、哲学的であるというところに、またその特有の欠点を生ずる。哲学には哲学特有の長所がある。哲学としての武器がある。すなわち、鋭い論理をもっている。けれどもその鋭い論理の裏には、また破れやすい弱点をもっている。哲学はその発生から今日まですでにいろいろの大哲学者を生ぜしめている。けれども、それも常に絶えず、説の変動を繰り返している。たえず論理の覆滅ということを繰り返している。かかる現象が、哲学者の論理的思考をだんだん深刻にしてゆくということは、確かである。正確ならしめて行くということは本当である。しかしながらまた論理に頼っている以上は、論理の弱点はまた覆されるということも確かである。これに対すると、禅はどうしても心理的経験に基礎をおかねばならぬ。禅というものがどうしても、もし依立して行かなければならぬものがあるとすれば、それは心理的に成り立たなければならぬ。論理的に立ったものが、他の理論によって、そうでないということになると、その学者の論理は立たないということになる。禅も哲学に基礎をおくと哲学とともに起き、哲学とともに倒れるということになる。これに反して、心理的に基礎をおいているというと、個人個人の信仰、体験というものに立脚するので、したがってそこにしっかりした土台ができるということになる。それで信仰、信ずるということの解釈はいろいろある訳である。たとえば人がそう言ったからそう信ずる、というようなこともあり得るのであるし、それから自分にはわからないけれども、偉い人がそう言ったから、それでよいのだというような信仰もある。しかしながら信仰そのものの性質を押しつめて行くと、たとえば人の言ったことを、自分が信ずるのは、どういう意味で信ずるのであるかというようなことになると、信ずるということの根本には、どこかに一つの経験というものを仮想して、それを根拠にしている。そうしてその根拠を一つきめて、それから信ということが出て来るのであるということが知られる。その人の言う通り経験事実というものがあるのだ。自分はその事実を経験しないからわからないが、自分も機会があってそれを経験すれば、その事実なることがわかるといって、その人を信じて行くということになる。これを説くと、だいぶ信仰というものの心理の込みいったことがわかるのであるが、要するに信ずるということは、体験ということがどこかにあるということになるのである。この体験を禅の心理的体験に代えて解釈すると、禅の意味もわかる。それは心理学というものは、意識を研究するものであるというけれども、その意識なるものは、われわれが経験上、事実的に遭遇している事柄の範囲内だけに限られたものでなく、なおこの外にも広がっているると見なければならぬ。すなわちこうだと自分の覚知している範囲内だけが意識の領域でなくて、その外にも働いているということがわかるのである。自分が皆承知しているという範囲だけで、われらの心は働いているのではなくして、自分の承知していない、自分の知らないと思っているところにも、ずっと働いている。つまりわれわれの心というものは、自覚しているだけでなくして、その心の働きというものは、自分が思っているそれ以外のところにまで働いて行くものだということなのである。それゆえ、いつも自分のこうと自覚している範囲だけに、意識が限られているのではなくして、ずっと、その上に、その下に広がっているというのである。これが心理学の事実である。その例を述べてみると、私どもが数学の問題でも考えているとする。どうも解釈ができない。これはよく学校でわれわれが経験することであるが、どうも問題の解釈ができない、仕方がないからそれを捨ててしまって、忘れたようにしていて、翌日見るとその解釈がちゃんとわかることがある。あるいはまたそういう解釈のわかった夢を見ることがある。それは考えよう考えよう、わかろうわかろうと努めていることを、一時放任してしまうというと、それは自分の心の外に出してしまったように考えているが、やはりどこかで働いているのである。よく詩人とか芸術家にはそういうことがある。天来ということを言う。われわれにも何か文章を書きたいと思うときに、どこから手を着けてよいかわからぬことがある。それが何かの拍子に、ふと緒口《いとぐち》が見つかって、なかなかよく書けることがある。すなわち意識せぬとき、注意を向けていないときに、意識そのものが働いているのである。それを宗教の方面に向けると、例のお筆先などという神秘に似たものができてくる。別に大本教や天理教などと限らぬが、誰でもそれはある程度まである。自分の自覚していないものが自分を通して働く。自分の心でないと思うものが、自分の自覚以外のところで働いていて、それがどうかして自分の心の中に現われてくるとしなければならぬ。催眠術をやるとこれがよくわかる。ある人を催眠状態にしていろいろの暗示を与える。そうして普通の状態に戻すと、催眠中に受けた暗示の通りにそれを実行する。その実行に何かの障害でもあるときは、いろいろの理屈をつけて、催眠中の暗示を実行する。当人は暗示を受けたという記憶もなければ、したがって、これは暗示の結果だとも何とも思わないでやるのである。これは心理学上の事実である。この事実によってわれわれの心というものは、自分が注意し、記憶している以外に、自分の心の働きがあるものだということになる。意識以外の働きを、どう学問的に取り扱うかについては、心理学者の間にだいぶまだ議論のあるところで、これを詳細に申し述べるとなると、面倒になるから、今のところは、この事実を宗教の方面からどう見るかというにとどめておきたい。すなわち仏教でいう自力、他力の問題はこれから起こるのであるということを申し上げたい。

　自力というのは、自分が意識して、自分が努力する。他力は、この自分がする努力はもうこれ以上にできぬというところに働いて来る。他力は自力を尽くしたところに出て来る。窮すれば通ずるというのもこれである。意識して努力の極点に及ぶというと、もうこれ以上はできぬと思うところがある。ここを突破する、いわゆる百尺竿頭《ひゃくしゃくかんとう》一歩を進めるというか、とにかく一歩踏み出すというと、ここに別天地が拓《ひら》けてくる。そこに自分の意識していなかった力が働き出る。それを真宗の人は他力と名づける。禅宗の方では大死一番ということになる。心理学の立場から言えば、同じく心理的経験であるから、その知的立場においてこそ相違すれ、経験の事実においては、同じ現象であると言わなくてはならぬ。真宗といい、禅宗といい、その説明するところは、非常に違うけれども経験そのものを、心理学の上から研究するにおいては、私は何も変わったことはないことと思う。これを意識下の精神活動ということに当てはめたいと思う。

心理学というものも、推し進めて行くと、話は心理を越えて他の世界へ出なければならぬようになる。心理学が宗教か哲学に転じなくてはならぬ。心理学が窮して宗教に通ずるとでも言うべきか。われわれが心理学的に、この意識の底まで、奥の奥へとはいって、突き破ったところは、宗教的解釈の領域であらねばならぬ。底の底まで進んで破れないというところまで進んで、やがて自力を捨ててしまう。そして捨ててしまったところに、自然に展開して来たところの天地、その天地というものは、やがてまた、われわれの客観界ではないのか知らぬと思う。あるいは絶対客観とでも言うべきであろうか。客観と主観、われわれが心理学でも、論理学でも、二つを考えているが、その主観と見ているところの、一方の根源を尽くすというと、それがやがて、客観と見ておったところの、他方にずっと抜けて出る。ちょうど、トンネルの入口のようなものである。入口と出口を見ているところのように見える。ところが、それを一方から底へ底へ、奥へ奥へと突き進んで行くと、向こうと、こちらと、畢竟《ひっきょう》して同じところに抜け出るという道理ではないかと思う。そうすると、ここにおいて、自分と天地というものが一になったという事実が生ずる。これを心理学的に説明すると、禅で言う「打ち抜いた」ということになるのである。これを学者に説明させると、いろいろの事を、むつかしく言うのであるが、とにかく、自分の心の中からずっと通って向こうへ出たというように言わずともすむことがある。それで、禅宗の人はこう言う。客観界をそのままに肯定すると、「満目の青山」という態度に出ずるのである。

公案ということがあるが、どういうことを目的にして初めはできたのであるかというと、今いうわれわれの意識下の生活へ、普通に働いている意識を追い込もうとするものである。つまり自力というものを捨てさせるというのである。これは自力を悪いというのではないが、公案を真宗的に説明するとこう言ってもよかろう。それで第一、公案というものの出来方は、普通の意識の働きを動かさぬようにできている。普通の意識の働きというものは、二元的にできている。ここに意識というものが実際に行なわれるのである。しかしこの覚するものと対立している。われわれの意識の自覚ということは、覚するものと覚せらるるものと覚せらるるものが、一つになった世界にはいらないと、神秘的経験というものができないのである。そこで、これに追い込む方便として、この二つになっているものを、二つにならぬようにする方法を考えなければならぬ。この方法が公案というものである。その公案の初めの作り方は論理の働きができないようになっているのである。それでただ公案だけではいけない、その誤りを正すところの先覚者というものが必要である。先覚者があってそれを見破るということがないといけぬ。ところがその先覚者に対してどこまで信仰していいか。信ずる対象があるとき、すなわちここに水飲みがあるとすると、それを見ていればこれを信ずることは可能である。ところが公案を研究したといっても、自分はその境涯におったこともないものだから、先覚者を信ずるというとき、何を信ずることになるのか。それで、それを信ずるということは、畢竟、公案に信をおくということになるのである。それに信をおくことによって、われわれの眼前に展開される一切を肯定し是認する、すなわちこの事実、または公案そのものを可能ならしむる原理を信ずることから、ひいて先覚者を信ずるということになるのだと思う。だから、公案というものを一つ見んとするところに、すでに公案は解せられているといってもよいのである。その手を着けない前に、そのものはわかっているというのが本当である。事実の上では、相当の人によって、その自分のいろいろの意見を、いくらでも斥《しりぞ》けてくれるところの人がなければならぬのである。すなわち先覚者があって、道はこう行くのであるということを正してくれる人を、きめておかぬというと、いい加減のところで止まってしまう。すなわち自分でこうだときめているということになる。だから、先覚者はどうしてもなければならぬものだということになる。公案は表面、論理に陥るようであるけれど、畢竟は心理的な結論で、それで落ち着くものと私は思う。われわれのこの心理的、神秘的体験を、言葉に言い現わすというときに、公案となって出る。公案というものは論理から出てきたものでなくして、われわれの心理的体験から出たものである。それをするには、意識の上に現われているところの、すべてのものを斥けてしまって、そしてその下に突き込んで行くことができるときに、その体験が生ずるのである。それで禅は論理の上に基礎をおくというよりも、心理的に進んで行かなければならぬと信ずるのである。

第二回　仏教における禅の位置

第一講　宗教経験の諸要素

制度としての宗教と個人的経験――宗教の要素――伝統的――知性的――神秘的

われわれの生活ということは、われわれの経験という意である。しかし経験のできるということは、人間に限られた特権であると私は思う。動物には経験というものは当てはまらぬのである。人間の特色として経験するということがあるのである。それはどうかというに、動物ではその生活の上に昨日とか今日とかいうものがないと言えると思う。今から何千年まえの猿も今日の猿もあまり変わらぬと見ていいのじゃないかと私は思う。人間もある意味でいえば、猿のごとく犬のごとく変わらぬところもあろうが変われば変わり得べき性質を備えているのである。すなわち経験がある、歴史がある。いつのころに進化の道程が、猿なら猿、犬なら犬のところに止まって、そうしてああいうような型にはまってしまったか、あれがまた、ずっと今から何万年かの後になったならば、どこかで異なったものにならぬとも限らぬ。犬でなしに何か違ったものになるかも知れないが、今日考えたところでは、犬は変わらぬだろう。今日、犬の性質を調べてみても、どうも何年かの後に変わるべきものを見ないようだから、まずあんなものとして、いつまでも存在するだろうと思う。他の動物でもその通りであると言い得るだろうが、人間に至ってはどうかというと、どうもだんだん変わるかも知れない、変わらぬかも知れないけれども、まず変わり得べきような性質を、ある点では、備えているんじゃないかと、そういう風に考えてみたいのである。それで今から一千年、二千年……というと長いようでありますけれども、五十年、六十年に比べてみれば長いかも知れないが、一万年というと、その十分の一であり、十万年となると百分の一という短いものになるから、比較の程度によって、長短の差ができる訳である。その短い間だから、今から三千年前の人と、今日の人間と変わっているといってもいいし、また変わっておらぬといってもいいところもあるらしい。けれどもある点では確かに変わっている点がありはしないかと思う。そうであるとすれば、これから後、何万年か経つというと、この体が変わるということはどうか知らぬが、今日よりも、とにかく、社会制度の上においては、よりよき制度ができ上がるものとみてよかろう。今日よりも社会制度、すなわち環境がよくなるからには、またそれに従って幾らかずつこの環境を背景にして立っている限りのものは、何かの点において、変わるかも知れないといってよかろう。それはどういうことかというと、経験ができるからである。いわゆる喉《のど》もと過ぎれば熱さを忘れるということもあるので、経験というようなこともできないで、そのときには大変だと思っても、後からはすぐ忘れてしまう。経験というものは、あってもなくても、同じことのように心得ている人も、たくさんあるけれども、だいたい昨日やってよくなかったことは、今日はやらぬ、この次もやらぬというような塩梅《あんばい》にいくらかずつ物を経験して行ける。それには記憶ということが人間にあるからだ。この記憶というものはよほど大事なものであって、人間がいろいろの思索をやることも、物を考え出すということも、帰するところは、記憶というものが因になっているのである。人間に記憶というものがある限りは、経験というものが可能であって、そして経験というものが可能であれば、そこにいくらかずつ進化して行く道があるものだろうと、こう考えていいのではなかろうか。人間でなければ歴史というものはできないのである。

この記憶ということは、どういうことかというと、仏教のことを少しでもやったというような人はお経を読まれたと見て——もっとも、禅宗の方では、あまりお経は読まないが——とにかく、習気《じっけ》ということがある。この習気というものがあって、そしてこれが基になってわれわれの意識というものの働きが出て来るんだと、こういうことに仏教ではなっている。これは主として唯識論で言うところだが、これは今日で言うところの唯心論というようなものである。その中にこの習気ということをよく言う。われわれが何かやる、心で物を考えるとか、体で何か行ないをするというと、それがそのままで済んでしまわないで、後に何か残る。これが習気ということになっている。これがあって、それが基になって、この次にはまたいろいろの働きが、次から次へと発展して出る。こういうことになっているると仏教の学者は教えるのである。これをよく考えてみると、習気というのは記憶である。今の言葉でいう記憶の義を最もその広いところから見たものとしていいのである。

この習気というものが基になり、世界というものができ上がるのだという風に解釈している。その記憶という習気なるものは、普通に悪いことになっているが、しかし、この世界のできたものが悪いという訳でなく、この世界を悪いと見るから悪いのであって、いいと見るならばいいのである。習気というものが、悪い方に向くというと、いけなくなるけれども、いい方に向けたらいい記憶というものである。習気そのものは中性である。とにかく、この記憶というものが基になって、経験ができて行くといってよかろうと思う。仏教には俗世界と同じ文字を使っていて、その義がだいぶ相違するものがある。また読み方も特殊になっている。すなわち習気と書いてジッケと読む。俗間の読み方と違う。その意味もまた異なっている。しかし識というのは、だいたい心と見てよい、唯識は唯心と同じ義に考えておこう。詳しく言うと違うが、今は説明をはぶく。とにかく、唯識論では習気という ものを立ててこの世界はこのものの発展または表現にすぎぬと言う。言い換えると、記憶というものが基になって、それから経験ができ、経験というものがあるので、人間の人間たるゆえんを全うすることができるといってよい。

もっとこれをいろいろの方面から申し上げると、面倒な問題が起こるであろうが、概括してざっとこういう風に平易に述べておいて、それから宗教的経験ということに説き及ぼそうと思う。経験といえば、いろいろな方面にいろいろな経験があるので、それらが特殊の内容をもっているのである。そのうちで、宗教的関係をもっているもの、宗教的内容を具《そな》えているもの、これを宗教経験という。社会的経験というものもあれば、また道徳的というものもできている。悪いことをしてはならぬ、いいことをすべきであるという、われわれの社会人としての訓練に基づく生活を、社会的経験とか、あるいは道徳的経験と言うべきであろう。そういう風にわれわれの生活の上に、いろいろの方面がある。美術的方面ともいうべきものがある。美に対するところのわれわれの感じがある。この感じを基礎としてできた生活の方面におけるものは、美術的経験と言ってよかろう。それからそれへと詮索《せんさく》して行くと、多様の経験をわれわれはもっているというべきである。商売人には商売人の経験があり、俗人、僧侶《そうりょ》、学校の先生、生徒、男、女というような訳で、それぞれの方面にそれぞれの経験というものがあるだろうと思う。

これをたとえてみると、私どもの生活は、ちょうど網をひろげたようなもので、私どもはそのときどきの心持でその網のある一点の結び目に立っていると見てもよい。それはどういう意味かというと、普通の網というものは四つの結び目からできているが、われわれの広げている生活の網の結び目は、必ずしも四つの結び目からできているという訳ではなくて、無数の目ができてつながり合っているのである。その意味からいうと、その一つの結び目を上げると、それから全世界がそれにつながって上がって来ると言っていいのである。つまり仏教で言う一つの小さい芥子《けし》粒の中に須弥山《しゅみせん》がはいるという。須弥山というのは大きな山である。その上に世界が重なっているという、その大きな山が一つの芥子粒のようなものの中に納まるというのである。もっとも大は小を兼ねるということを言うが、小は大を兼ねるとは言わない。しかし仏教の方ではこういう非常識なことをよく言うのである。これをこんな意味に解することも可能である。それは網の目の一つの結び目を引き上げると、そこにすべての世界がはいって来るんだということに見て、芥子の種と須弥山との関係を空間上の関係に見ないで、網の結び目の関係に見ると、須弥山も容易に芥子粒の中にはいって来るのではなかろうか。問題はどこに中心点をおくかにある。そしてその中心点は一つという風に、必ずしも、きまっていない。一つの中心は他の中心につながっている。つまり網そのものが全体に中心である。それで今私が立っているところに、全世界をあげてことごとく皆ちゃんとつながり合っているといってもよい。天上天下唯我独尊ということを釈迦《しゃか》が言ったというが、その天上天下唯我独尊というようなこともそういう意味合いに解するとよくわかると思う。とにかくそういう塩梅にわれわれはいろいろと重重無尽に、次から次へと無窮にわたっているところの、この網の目の関係に立っているのであるから、その関係だけがあって、それ以外には何もないと言ってもよいのである。それを一切空《いっさいくう》であると仏教は教える。そこで宗教というものは、どういう関係を言うのかと尋ねるに、われわれの経験が、特殊の方面にわたらないで、網の目の全体の上に及ぶときである。これを宗教経験というのである。いま一つ言い換えると、自分というものと、自分を容《い》れているところの全きものとの関係を、宗教経験と考えてよかろうと思う。そのときの当局の人は、全というものをもちろんつかんでいることもなければ、また、そういうものを意識していることもないかも知れぬ。ただ何となく心に不安の状態ができて来る。何か取りとめのなきように、それを経験する。けれどもその不安というものは、そもそもどこから出ている不安であるかというと、畢竟《ひっきょう》するに、自分というものと全との関係から出ているのであると、考え定め得るのである。それについて経験するところのものを宗教経験と名づけるのである。当人だけの感じでは、どうも落ち着かぬとか、何となく求めて得られないとか、不安でたまらないというような心持であるものと思う。それがどこから来るか、そういうような悩みがどこから出ているかというと、自分というものがどうも何だか落ち着きがない、自分というもののこの内の留まり場所、網の目で言うなれば、どういう網の目に立っているか、どこに落ち着くか、何となくふらりふらりとしておって、どこに片づくか、片づくところのないような気が起こる。その不安を宗教的不安とも、神秘的不安とも言うのである。それから出ているすべての経験を宗教的経験と言うのである。近ごろの言葉で言うと、価値というもの、何のために自分はいるか、何のために生きてこうしているかという風に、何のためということが問題になる。それを宗教的意識と言ってもよいのである。

苦しみというようなことも、不平があるから苦しいという心持が出るのである、――不平がなかったら苦しみも何もないはずだ。――あまり完全にできていて、何もかも都合がよいと、不平がなくなる。苦しみもなくなるが、その結果、人間も亡びてしまうものである。われわれもその環境との関係が、すべて完全に行っていると、生きているのか死んでいるのかわからないということになる。生きているというときには何か苦しみというものがなければならぬものと思う。これがなかったならば生きているという訳にはいかない。

とすれば生きておらぬと同じことになるかも知れない。ある人の言うには、極楽へ行くより地獄に行きたい。苦しみということがあるから、救いということもある。苦しみということがあるから、生きているという自覚があるのだと言うのである。暑いということ、寒いということもあるのである。どうもそうらしい。ハワイのようなところ、それからアメリカでも、太平洋の沿岸の湿気のないところ、暑さ、寒さの気候の変化のない、年じゅう大した気候の変化がないようなところにいるというと、何だか物足りないような気がしてならない。それでハワイのようなところに、三、四年もいると、とうていハワイから脱け出られないようになる。つまりハワイの人間は死んだようになる訳である。他に行くことができないというくらいに、あまりに変化がないと刺激を感じなくなってしまう。暖かいところにも文明は発達するかも知れないけれども、それが進んだ発達というものは寒いところか、少し寒い方に偏した、少し変化のあるところでなければならぬような気がするのである。生きるというためには刺激が必要である。刺激は不平を生ずる。したがって苦しむ。苦しむから生きて行く。まずこんなわけである。いくらか寒い朝でも起きて、体に寒さを感じて、武者慄《むしゃぶる》いをするというところに生きているというような心持が出て来る訳である。そういうようなことで、人間のこの社会生活でも、何かやはり生きているというような心持が出る場合には、何か苦しみがないというと、いけないのではないかとも考えられる。その苦しみというものが出るときに、われわれが本当に生きているという心持になるのである。そしてそれと同時に、いろいろの学問が出て来る。世間に悪いことがなくて、いいことばかりの方が、よいと思うけれども、実際の、実利の方面からいうと、やっぱりいいことも悪いこともなければいけないように思われる。いいことばかりだと、いいことも感じられなくなる。いいというときには悪いということもあるように、これもなければならぬ。とにかく生きているというときに、苦しみというものがついて回らねばならぬし、そのときに、われわれはこれではいけない、これから——こうしているところから、もう一つよい方へ出よう、という気になる。これが苦しみということのもっとも尊ぶべき姿でなければならぬ。楽しみということだけならば、楽しみたいという気がしないと思う。苦しみということがあるから、それをすてて、すなわち現状を打破して、自分のこうしているところから、もう一歩外に脱ける。また上にあがるか知らぬけれども、現在の立場を離れて、そして一つ他の場所に自分の身を置いて、そして自分の今いるところから、現状を振り返ってみるということができるのが、やはり尊いありがたいところで、そこに経験というものができると言ってもいい。そこで苦しむのである。その苦しみというものがあって、そしてわれわれがその苦しみというものを避けたいと考える。かく考えるところから、向上の生活が生まれる。これが、いわゆる仏教で言うところの苦集滅道《くじゅうめつどう》、仏教の四諦《したい》というので、ここから考えが出ているのである。

仏教においては、第一に人生は苦であるということを認める。その苦しみというものは何から来たかというと、いろいろの原因を集めて来たから苦しむのである。それを滅する方法があるか。それを滅するには、いろいろそれぞれの道がある。こういう風に、仏教の理論の立て方は、すこぶる組織的になっている。これは昔、インドの医者の診察法から来たものだという。すなわちここに病気がある、それはどういう原因で病気になったか、それにはいろいろの原因がある。それを治療する方法はないか。ある、という風に、インドの医者が医術を研究するときの方法によって、仏教の四諦も研究せられたのだと医者は言っている。いずれにしても、根本は前に苦しみがあるということを見て行くのである。かくのごとく、仏教者は苦しみという方面をよく見て行くから、仏教は厭世《えんせい》宗教だということを、私どもの子どものときには、よく聞かされたものである。今日はだいぶ哲学も進んで来たから、そういうこともあまり言わないかも知れません。しかしながら、苦ということは事実であって、これが基になって、われわれが宗教的体験にはいろうとするのが本当である。だからどうしても苦ということは否定できない。この苦しみをのがれたいと願い、これがあるためにわれわれが生きているというところの自覚がますます強まるものだと見ていいと思う。とにかく、苦ということが主にならなければならぬ。そしてそれからいろいろの考えが出て行くのである。そこでこの苦にもいろいろの原因があるだろうと思う。たとえば自分のほしいものが得られぬというときに、苦というものが生じて来る。たいていは、自分のほしいものが得られぬ——それがいろいろの形になる。あるいは金という形になり、あるいは名誉という形になり、権力という形になって、その自分のほしいものが得られぬ、そこに不平となり、苦しみというものになる。われわれがこういう社会生活をやっている以上は、この社会から出て来るところの、それぞれの欠点があるから、その欠陥というものを感ずるときに、苦ということになるに相違ない。すなわち求めるものが得られぬというものが多いだろうと思う。たいていがそういうものであろうと思う。求めるところが得られぬということで苦しむ。いったん苦しむということになるというと、その苦ということから、どうかして抜けたい、どうしたらいいかということになる。求めるところのものが、いつも求められたならば、苦というものはなくなるのだが、求めるものがいつも得られて、もうこの上に求めるものがないということに、どうしてもなられぬ。われわれの求めるという心は、どうしても完全に満足し得られぬのである。人間には、いつも求めるということがある。求めることが尽きるということがない。金がほしいということになれば、その金というものがあっても、また他に何か求めたいような気になって来る。求めて得られぬということは苦であるとすると、求め尽くして、何も求めることがないというとき、そのないことがまた直ちに苦しみとなるかも知れぬ。いわゆる欲というものには限りがない。欠けていれば欠けたで苦しみ、満つれば満ちたで苦しむ。人間は畢竟《ひっきょう》して苦しむようにできているのであろう。苦しみのないようにするには、その欲を除《さ》ってしまうよりほかに仕方がない。しかしながら、求めてやまないその欲をとってしまうということは、人間としてはできにくいことである。生きておらぬとか、生きていても、血が通っておらぬということとなれば、求めるところはないし、したがって苦しむということもなしに、すんでしまうかも知れないけれども、人間である以上は、いつも求めるようにできている。そして求めて得られなければ、そこに苦しむ。苦しむとそれから何か一つ生きて行く途《みち》を求める。すなわち反対の方面に生きて行くことを求める。それで生きているということの価値がどこにあるかという問題が出て来る。われわれがこうして生きているということに、どういう価値があるものかということになって来る。すなわち生きているだけの価値があるか、何のために生きているかという具合に言ってもいい。何のためにこういう苦しみに会わなければならぬのかということに考えてもいい。「何のため」という、ここに宗教経験というものの緒口《いとぐち》が出て来る訳であります。ところが、何のためというような問題に対して、人生は不可解であるというようなことで、いい加減にきりをつけて行く人もありますけれども、しかしまた生きておって、そしてちゃんとその苦しみを聞いて行くということができれば、その方がより以上のものでないかと思う。やたらに不可解で死んではは困るだろうから、生きておって、そして生きているということの理由がわかり、人間の本当の価値が捉《とら》えられるということにならぬというと、本当のものではないと思う。これは苦しみの上から見て言うのであるが、われわれの人生のいろいろの記録を見てそういう風に解釈する方が、いいのじゃないかと考えるのである。

そこでその「何のために」ということを言うのは、どういうことかというと、ここに一つのものがある。しかし一つだけ離れていては、すなわちそのままで離れたなりになっている限りは、その一つに何の意味も出て来ない。その離れておったものが、孤独の一つの境界を出て、それをもとより容《い》れているところの、より大なるものとの関係、その一つと大きなものとの関係がつくようになると、そこに意味がわかるということになるのである。

意味ということは何であるかというものと、一つのものと、もう一つの大きな、その一つを離れているところのもの、すなわち部分というものと、全体というものとの関係がつくというところに、意味がわかるということになるのである。それで苦しむということは、自分というものだけを離して、自分というものは終極のものであって、これだけのものであって、それで他のものとは、連絡がつかぬということになっているとき、ここに苦というものを感じてくるのである。その苦をのがれるということは、自分というものが、窮極のものでなくなって、自分というものは、自分よりも大なるものに包まれている、いろいろの関係をその中に容れているものの一部分と見るときに、この苦しみというものからのがれられるのである。そこに意義というものが認められるのである。自分というものがいわゆる全体というものに——神と言ってもよろしいが、そのものに相関係している、自分は自分だけのものではない、もっともっと大きな全というものに包まれているということ、自分は、より大なる関係の中にいるものであるという風な自覚が出て来ると、そこに一つの宗教経験がある。そうすると苦というものが隠れてしまって、生きているということとの意義がわかるということになる。そうすると、この全というものは、本当の意義において全でないといかぬことになる。社会、国家、日本という国だけの関係、それだけでも足らぬ、世界といっても、それでも足らぬ。いわゆる太陽系というようなものだけを相手にしておっても、それでも足らぬ。もっと大きい全というものを見付けなくてはならぬ。限られた円いもののなかに、自分というものを置くというと、その円いというものは、一つの限られたものであるから、完全な全でない。何かによったものとなる。それゆえ、ほんとうに全と言い得るものは限ることのできない全であるべきだ。その限ることのできない全と自分というものの関係、そこまでこの全を進めて行かぬというと満足ができない。小さな限りあるものであると、その上、その上ということが考えられる。そうするとまだ足りないから、求めてやまぬということになる。求めてこれでいいというときには、その全というものは——自分を容れている全というものは、限ることのできない全でなくてはならぬということになる。そういう風に見て行くのであります。

ところが、こんな塩梅《あんばい》になると、あまり茫漠《ぼうばく》として、手のつけようがないと言われるのであろう。この茫漠感からのがれんとするには、今一つ転化して、全というものが、直ちにこの自分というものになって現われて来なければならぬ。この全というものが自分、自分がすなわち全という塩梅に、われらの経験が進んでこなくてはならぬ。ここに本当の纏《まと》まった宗教経験というものができるのだと、これは自分の信仰である。そういう塩梅に宗教経験というものを見て行くと、われわれの生命、生活というものが、いろいろの方面に関係していることがわかる。その関係の諸方面からわれわれにまた実際生活上のそれぞれの経験が出るのである。宗教という経験はこれらの関係を総体の上から見ての話である。すべてのものを容れた、その全きものと、自分との対立、相即という、きわめて全豹《ぜんぴょう》的なところから見ると、今までは苦しみということが肯定せられずに、それに苦しめられたが、今度はこれでいいと肯定するようなことになるのである。ところがここに宗教のすこぶる困ることがある。宗教というものが、すべてであるものを有るがままに肯定するとする、何でもこれでいいのだという風にきめてしまうと、いいことも、悪いことも、一様にいいことにしてしまおうとする傾向が出る。そうすると、今の社会はこういう社会で、いろいろの悪いことが行なわれている世界が、これでいいということになる。政治上のいろいろの欠陥がある。経済上にもある。それがそのままでいいということになってしまう傾向がある。これではまたいけないと思うのです。これを肯定すると同時に、こうしなければならぬ、そこを打破しなければならぬというような動きが、すべてを肯定する宗教の経験から出て来なくてはならぬと信ずる。

ところで宗教というもの、これを今われわれの思考の問題とするときには、またいろいろの方面から研究せられるのである。宗教というものは、今のわれという個人、――個我というものと全我というものとの関係を明らめようというのが宗教であるということにしておいて、そしてその宗教というものを見ると、またいろいろの方面から見て行くことができる。歴史的に見るということもあるだろうし、宗教のいろいろの発達の道程、野蛮人が信仰した宗教から、今日の信仰に至るまでのいろいろの方面のことを、単に歴史的に見るということでなくして、いろいろの宗教の比較ということもあるし、また哲学的に見るということもあり、心理学的にもいろいろの方面から見られるのである。けれどもわれわれの今ここにお話ししたいと思うのは、そういうことでなくして、現在の自分たちの宗教というものを見て行く場合に、個人的経験の宗教と一つの社会の組織、社会制度としての宗教という塩梅に見て行く、この二つに見ることができると思う。この意味で宗教というものは役に立つとか、立たぬということがある。制度としての宗教には、これは役に立つとか、立たぬという方面は出て来るかも知れない。けれども個人としての宗教経験ということになると、これは役に立つ、立たぬもない問題である。この制度としての宗教になって来ると、あるいはあってもいいとか、なくてもいいということになるかも知れない。けれども制度というものは、これは個人と離れてしまって、社会的に、われわれの社会生活の上の一つの制度ということになる。だからお寺を建てるということになると、このお寺というものは、個人的宗教経験とは離れてしまって社会的制度になったと言っていい。われわれの社会生活の上に認むべき一つの現象であるということに考えてよかろうと思う。日本の仏教でいちばん勢力のあるのは真宗だろう。禅宗などはあまり個人の方に重きをおくがために社会制度としての宗教としては、真宗の方に劣るかも知れない。真宗の方はよほど結団する性質があるので一つの集団ができる。本山というようなものができて、そして本山の下に沢山の末寺があって、それに信者があって、それが何か一つの中心になる思想というか、信仰というか、そういうものによって動くということになると、これは社会的になかなかの力である。そういうように、宗教というものを社会的に見ることができると思う。この方面のことは私は今言いたいのではなくして、むしろ個人的な特殊な方面のことを説きたいと思う。宗教を個人の宗教として考えるのである。本山があろうが、末寺があろうが、なかろうが、そんなことには頓着《とんちゃく》なしに、また、その本山の宗派が何であろうと、またその事業――これが社会事業であろうが、慈善事業であろうが、あるいは政治に関係することもあるかも知れない、あるいは教育に関係するものがあるかも知れないが、そういうことはどうでもいいのである。ただ自分としての宗教的経験ということについて述べたいというのが、今日の講座の趣意であります。

学者の中でも、宗教はわれわれの社会的生活の意義というものに触れて来ぬと、何の役にも立たぬものだと言うけれども、ある意味で言うと、宗教というものは、社会や国家というようなものを無視してしまう。それよりも、もう一つ大きなものに触れようとするのであるから、国家、社会、世界というようなものは、あっても、なくても、どうでもいいという塩梅に、見て行くということになるのだから、個人の宗教というものと、社会の制度としての宗教とは、ある意味ではなんらの関係がないと言っても、いいくらいのものと考えられる。そういうものであるから、宗教というものは、ある意味で言うなれば、だいぶ危険なものである。けれども、そこにはまた宗教は制度として成り立って行かなければならぬ方面があるから、何かの意味で緩和せられて行くようでありますが、個人の宗教経験ということから見れば、社会的価値とか、何とかいうようなことは、どうでもいいということになるのであります。また論理というようなことも、社会政策に関係している限りは、宗教とは、ある点では、関係がまったくないものだという風に見てもいいのです。しかし、そう言うとよほど危険の点もあるので、それは言わない。宗教というものも、一方では、超世間的であるけれども、また世間的に言う道徳などと妥協して行かなければならぬ場合もある。妥協というといけぬかも知れないが、人間は何といっても孤立しては行けぬのであるから、社会を無視して、蹴《け》とばしてしまうという訳にはいかぬ。とにかく、一方には、そういう協調をしなければならぬところもある。いずれにしても今日のところは個人の経験ということを主にして、お話しするのであるが、それについては、そういう個人の経験としての宗教というものは、どういう要素があるか。これを区別すると、だいたいに、伝統的要素と、知性的要素と、神秘的要素という、この三つから成り立っているという風に見たらどうかと自分は考える。

われわれが初めて宗教経験ということをもつようになる、それまでにはどういうことがあるかというと、今日の世界では、まず伝統的に宗教というものを取り入れるのが順序になっている。それから宗教としても伝統に頼らなければならぬという風な点もある。宗教にはどうしても伝統的なものがないといういけないので、それが、制度としての宗教というものの中にはいっている。それで制度としての宗教を伝統的要素の中に入れておいてもよい。その個人的経験というものから見れば、制度としての宗教というものは、どうでもいいようになっているけれども、またお互いに、一人では生きて行けないので、どうしても何か他の一人ないし多勢のものと関係して行かなければならぬのであるから、そうなれば、そこにすでに制度としての宗教、制度として発達すべき宗教の根底ができるのである。それからまた自分だけで生きているものなら、宗教というような考えも出て来ないものであるかも知れない。だから、社会生活というものを否定して、そして個人というものだけにしたならば、宗教というものは出て来ないのだ。そうして見ると、個人の宗教経験ということもちゃんと、その中には社会生活ということを予想しているということになる。そこで宗教には伝統的要素というものが必要になって来るのである。われわれは子供のときに、お寺につれられて行った。今日ではキリスト教の教会に行く場合もあるであろうが、――いずれにしても、私らは親なり、なんなりにつれられて行く。自分の宗教的要求があってもなくても、とにかく、親が連れて行く。寺へ行かなければ、僧侶《そうりよ》を宅に呼んで来て、お経を上げてもらうとか、あるいは説教してもらう。説教ということはたいていはお寺でやることになっているけれども、お経も一つの説教である。もともと仏の言われたことを書きつけたものがお経であるから、お経を読めば、亡くなった先生の説教を聞いているのも同じだということになる。それでお経を読むということが始まったのであろう。けれどもだんだんお経を読むということの意味が変わって来て、そして近ごろでは、ただ読むべきものということになって、それを読んでいる。意味はわかっても、わからなくてもよろしい、ただ読むということになっている。それにはまた面白いことがあるけれども、とにかく、本の起こりは、亡くなった仏のお声のなお耳にあって、その言われたことを、お経で繰り返してまた聞くということになるのである。だから読むべきものだと言ってもいいし、また、そう言わない場合もあると考えなければならぬ。こんなことは、世間にもあることである。すなわち社会的に何か皆がやることがあったとして、そのことはもともと、そのこういう訳でできたんだから、今日はどうあろうとも、その起源の意味にかえって、その通りにしなければならないと、往々言われる。これは大いに理屈のあることではあるが、ここに一つ考えなければならないことがある。それは、そのことの本の起こりというものが、すでに何年、何百年という前の事で、それだけの時間が今の事に付着している。すなわち歴史がついているということを忘れてはならぬ。今はそれだけで本の起こりはというようなことだけを、簡単に考えるわけにゆかぬ。それゆえ、物によっては本の意味がまったくわすれられて、その歴史だけが残ることもある。そしてその歴史に新たな意味、本とは大いに違った意味がつくこともある。そこで今日では何のことかわからぬようなことでも、そのわからぬところに意味のあることもある。たとえば正月に松を飾ったり、縄をはったりしておめでたいと言うことも、その実おめでたくもあるし、また大いにおめでたくない限りでもある。一休和尚の言われた通り、だんだん死んで行くのが近づきつつあるということになると、やっぱりあまりめでたくはないようでもある。しかし正月にはめでたいということになって、意味があるのである。新年には、お悔みを申し上げるものだということになると、ちょっと変な奴だと言ってよい。それで発生の理由ばかりも索《なず》ねられないし、また今日こうであるから、これでいいという訳にもいかぬ。けれども、とにかく、お寺のようなところに行く、そうして説教を聞いたり、お経を聞いたりするということになると、これがこどもの時であるから、別に宗教的の要求があったという訳でもないが、――しかし、教育というものには、こどもから自ら進んで教育を受けようというものはほとんどない。学校に行くこどもについても、打っちゃっておいては、勉強するということはない。学校へやられるから、勉強するということになっている。今日われわれの仕事においても、そういうことが沢山あるかも知れない。その教育というものをしておくと、年がいってから見ると、先祖からこれだけの財産を譲られた――宗教は財産でないけれども、宗教的に受けて来た財産であるから、それをそのままに減らさずに、あるいは増して、またこどもに伝えたいということになる。学校教育でも、お寺に連れて行かれるということでも、いずれでもいいが、先祖から伝えられた物質的、文化的、精神的財産は、こどもの時に受け入れておく必要がある。――とにかく、お寺に連れて行くという習慣は、よほどいいことがあると思う。こどもの時に、この習慣をつけておく方がよほど結構なことと思う。よくキリスト教の方では、だいぶキリスト教の勢力が衰えて信者が集まらないで困るということを聞きますが、そんなことも、あるかも知れぬ。が、自分は必ずしも教会なりお寺に行かなければならぬとは思わないが、それではどうもこどものためにならぬといって、教会なりお寺に行く人がある。ことにキリスト教では、道徳との関係を密接なものとしているので、キリスト教の信者でないものは、まことに乱暴不規律な人間だという風に考えてしまうようになっているから、とにかく、日曜日はお寺に行くということは、こどもの見せしめになるという人に出くわすことが往々ある。そういうような訳で、こどもをお寺に連れて行って、いろいろのことを見聞させるということは、いいことである。よき宗教教育である。そこから宗教がだんだんとはいって来るのである。ことにお寺に連れられて行ったということでなくても、この社会的にお寺というものがあり、僧侶があり、お経というものに、目が触れ耳が触れるということだけでも、一つの宗教的教育を受けたことになる。伝統的に宗教というものが浸《し》み込んで来る。これがなかなかの力である。母がよくないというと、こどもも決してよくならぬ。ことに宗教的方面においては、よほど母の教育というものが関係するのである。立派な人、宗教的の大偉人というものの母親は、たいていすぐれた婦人であることを考えても、こどもの教育には、よほど母親というものが大切な仕事をしているのである。それにはとても男親のかなわぬところである。そういう点については、女にはよほどありがたいところがあると私は思います。

　これについて思い出すことは、インドにスンダー・シングという人がいる。十六の年にキリスト教に改宗した。そして今でもキリスト教の人で教界の大立者になっている。その人がこどものときにどういう教育を受けたかということを申し上げるために述べるのだが、十六歳のときにキリスト教に変わったというが、インドの人は早熟であるから、十六といっても、寒い国の十九、二十くらいの年に相当するかも知れない。この人は自分はキリスト教と称しているが、その人の信仰は実は仏教とキリスト教とを交ぜたようなものである。今日、インドには仏教というものは何もないが、しかし、インドという国には仏教という名がついていなくても、仏教の中に伝わったところの精神が、仏教という名でなくして、他の形になってとり入れられている。他の教えの中にその精神がはいっているのであって、今日のヒンズー教と言うても、その中には、仏教の流れがよほどはいっている。有名なガンジーという人も、一つの反英国同盟をやっているが、その人の信仰にもよほど仏教の精神をとり入れてある。それと同じようにシングも、名の上の仏教でなく、実の仏教をとり入れて、そして自分はキリスト教徒だと言っている。彼はどこのキリスト教会にも属していない。なぜかというと、一つの派に属してしまうと不自由でいかぬというのである。説教をしたいときは、どこの教会に行ってもするが、一派に属すると自由にやれぬというので、彼は独立独歩である。そんな異風なキリスト教の信者である。シングはそういう人であるが、ヨーロッパを旅するときにも、一文も持たずに行った。有名になるにつれて、金の出し手がいくらでもできる。で、ある人が「あなたはキリスト教の神学校にでもはいって、神学を研究になって、歴史的、組織的に勉強なさったらどうですか」ということを勧告した。するとシングの言うには、「俺《おれ》はとっくにキリストの神学校は卒業している。学校にはいらんでもいい」ということである。その学校は何という学校かと尋ねたら、それは「私の母の懐《ふとこ》ろだ」と答えた。そこを卒業してしまったというのである。その理由は、その人が十二のときに母が亡くなったが、その母は「お前は常に立派な宗教者になれ、お前は宗教に身を委《ゆだ》ねて立つべきものだ」ということを、こどものときによく教えたという。それで母の懐ろで神学は卒業しているという訳である。一々人の説は聞く必要がないというのである。よほど面白い人らしく、イギリスにおったときでも、インドの聖者のやるように、いつも靴なしで跣足《はだし》で歩いておったらしい、帽子ももちろん被《かぶ》らぬ、きわめて簡易な風采《ふうさい》であったらしい。ある立派な邸《やしき》を訪問したところが、取り次ぎに出た女が、こういう風にこの漂浪人を主人に伝えたという、「今誰か訪問者がある、その名は何だかきいてもわからぬけれども、その人はキリストと同じ人である」と言ったそうである。それがもっともよくその人の風貌《ふうぼう》と性格とを現わしているということであった。この人の言ったところを考えても、母の教育、伝統的宗教というものを、こどもの心に入れるという力は、母に限るように思う。そういうような方面から始め、われわれの宗教というものに対する知識というか、心持というか、感情というようなものが、だんだんに育て上げられて行くのである。それであるから、宗教的経験ということをやるには日曜学校に入れるということもよかろうが、家庭の母の感化ということが、よほど宗教的に影響があるものと見なくてはならぬ。これを忘れないようにしたいものだと、私はいつも機会あるごとに人に話している。

このとき「しからば宗教に対するところの個人の態度はどうであろうか」と尋ねてみると、それは言うまでもなく、お話を受け入れるというだけである。まったく受動の態度である。何のためにお経を読むのかわからぬ、何のために手を合わすのかわからぬ、何のためにこういうことを聞きに行くのか、仏がどうしてありがたいのか、そんなことは何もわからぬ。何のためということはさらにわからぬ。まったく受動的に連れられるままについて行く。聞かされるままに聞くというような風になっている。しかしながらこの聞かされる、連れられるということが、これがよほど大事なことで、これが他日われわれの宗教的意識というものの出て来る本となる。好因縁となる。他日自分というものに対して、なんらかの意義を発見する発展の順序が、ここに養われると私は思う。これがなぜ必要であるかというと、今言うような塩梅《あんばい》に、財産を伝えると同時に、われわれの宗教経験というものを伝えるということが、社会生活をしている上に、また大切なことなのである。親から伝わったところの金とか、地面とか、家というものを、こどもに伝えて行くと同時に、社会的にわれわれが今まで集めたところの経験というものを、このままこどもにやる、あるいはそれを生かして伝えて行かなければいけぬものである。私はこういう風に考えるのである。それがさらに進んで来ると、宗教の開祖の経験した心理状態を髣髴《ほうふつ》するような塩梅にすべき儀式があり、規律があり、また宗教的建築物の芸術的発表にしても、その中には儀式ということも含まれているが、そんなものがいずれも、外から、若きものの、これからでき上がらんとする心の中に、しみじみとはいって行くのである。御堂なら、御堂の中に、自分の身を置くというと、自分の心がその建物なり何なりから放射して来る一種の空気に、知らず知らずのうちに包まれてしまう。

　宗教の儀式というようなものは、宗教的情操の外的発展であり、内から外への表現であるとしたならば、その表現というものが、今度は外の方からして、こちらの内の心に向かって働きかける。その働きがこどもたちの心に、いつとなく、受け入れられる。すなわちその御堂なり、儀式なりの中から、宗教的に偉い人の心持が湧《わ》き出て来る、それを受けて来るということになる。その点でいろいろの宗教的環境、表現が、芸術的に現われても、行動に現われてもよい、儀式に現われてもよい。それぞれわれわれの宗教的経験というものが、いろいろの形をもって表現せられて、その表現せられたものが、一種の心持を、そこに集まるものの心の中に呼び起こす。なんらの障りもないままに、心の清められた人は、そのものを表現した人の心持を正直に自分にも取り入れることになるのである。それを宗教の伝統的方面と言う。儀式というものは、ある意味でいうと、なくともいい。心がその通りであったならば、外はどうでもいいようなものだが、しかし、人間としてはそうはできない。人間というものに、心の動き方があれば、それに相応したところの表現形式というものがなくてはならない。それがなかったならば、その心の働きそのものがないというくらいに、表現というものと経験というものとの関係が密接なものである。表現ということを抜いてはいけない。徳孤ならず必ず隣ありということがある。何か心の中に動くところがあれば、それが必ず外に現われるということになるのである。外に現われないということ、その心にあることが完全に感ぜられたものでないということも言える。とにかく、感情、意識、心の動きに対しては、それ相応の表現というものがなくてはならぬのである。表現があって、初めてその心の動き方というものが、完全に動いたものと考えてよろしい。だから美術的の方面から言っても、絵を描いても、文章を書いても、うまく書けない、あるいは音楽をやっても、いい音が出ないというならば、その人の感じが、まだ不完全であるということも、ある程度までは言い得るのである。宗教というものも、そういう塩梅で、お寺の今日衰微しているのも、その精神というものが、どこかになくなっているからであろう。その中にある、その宗教の中にある、本当の心をもって、すべてを受け入れるということになれば、その儀式を通して、その表現を通して、今日でも生きた仏教に出会うということがあると信ずる。ただ一つの形式に伴う弊害というものがある、一つ足を踏みすべらすと危いことがある。それはかく言うと、表現というものにあまり重きを置き過ぎるというと、その表現の儀式というものが、本当の儀式だけになって、そこに何の意味もないということになるかも知れない。これが伝統というものに伴う弊害である。人間のやることには、どこでも弊害がついて回るような塩梅にできているものとみえる。そうでないと、何か具合が悪いのであろう。すなわち、そうすると悪いところに気がついて、今度はまた新たなる力を入れる。その新たなる力というものが、今まで経験して来たところの歴史を無視しないものであれば、その歴史に現われて生きて来た精神を本当に守り立てるものであろう。それを移り行く環境に対して適切な形式で新たに表わすということになる。ここが宗教伝統というものの大事なところで、またその半面によほど気をつけねばならぬところがあるゆえんである。

　昔、絵の上手な人があった。時の王さまが、お前の絵を見たいが――描いてもらいたいが、その見本を見せてくれというと、その画家は○《マル》を描いて、王さまのところに送ったという。どうもこれは絵になっておらぬと言うと、その画家は、絵を描くというときには、表現の形式というものが、必ずしもその形をとった山であるとか、河であるとかでなくともよい。○を描いてもそれで沢山である。それを解しない者に、私の絵を描いても駄目だと言ったということであるが、これは日本の話ではないが、日本の昔の画家にも、そんな話があるかも知れないと思う。とにかく、近ごろの絵でも、私どもが見てどうもわからぬものがあるが、それでも鑑識のある人が見るというと、よくわかるのである。そういう訳で形式に囚《とら》われると面白くないが、そこにまた議論も生ずるのであるが、形が形だけにとどまっていると、そこにまた非常な欠陥が出るものである。しかしながら心の働きは、心だけにとどまらないで、形に現われて来なければ、本当の働きの力が出て来ないということは事実である。ここに、表現の形式というものと、表現の精神というものと、二つに考えられるようになったのであるが、これが人間でなく、神であったならば、そういう表現の形式も何もなくともいいかも知れない。人間である以上は、伝統ということも必要であり、形式ということも必要である。表現というものが必要であるというような意味から見ても、制度、それから、もう一つは教育というようなこと、皆それぞれに意味がある。

第二講　宗教経験の諸型

宗教の知性的要素――知性の本分――宗教と迷信――宗教と科学――宗教と哲学――宗教における知性と感情との関係

宗教には、その成立の要素として伝統的と、知的と、そして神秘的の、この三つがどうしても必要である。これがないというと宗教は成り立たない。伝統的という方面の中には、儀式に関した方面も、やはり含まれているということにしておきたいと私は思う。

知的というのは、これは簡単に申しますと、理屈ということになるのである。理屈というこことは、普通に「理屈を言う」という意味で、事物に説明をつけぬと、埒《らち》があかぬということになる。何かわれわれが物をするというときに、ただやるということでなくして、それが善いことであっても、悪いことであっても、それに何かの理屈をつけるということになるのが、われわれの普通の行き方である。また人間が何かしてしまったとき、良いことのときでも、悪いことのときでも、それに言いわけをする。良いことをしたときには、「言いわけ」をする必要がないかも知れないが、なぜ良いことをしなければならないかと、問いを出してみるのである。これが人間の共通の性質であって、宗教の上にもその通りである。普通に、神を信ずるとき、阿弥陀《あみだ》さまのお助けを願うとき、いずれもそうであります。これが人間性の普通なのであります。そしてこの理屈をつけるというのは、何かやって後からつけるのであって、初めから理屈をつけて仕事をするという訳ではない。仕事をやってから理屈をつけるということが順序であります。

昔、われわれがまだ野蛮であった時代の宗教は、どういう形をとったかというと、大抵は儀式の形であります。何のことか訳はわからぬが、いろいろの儀式をやって、そしてそこに一種の厳粛味というか、一種の畏《おそ》れというか、何かそういうような気分の交じった儀式を行なうのが普通である。それがあってから、今度はそこから神を信ずるとか、あるいは仏を信ずるというようなものが出て来るものらしい。初めはただ一種の儀式をやって、それで何かわからぬけれども、それで一種の満足を得るというようなところから、今度は神というものが出て来る。それも一つの神でなくして、いろいろの山川草木、何でもそういうものに、一つの霊がこもっているようになって、それを崇《あが》めるということになる。稲《いな》荷《り》さんを祀《まつ》るといっても、正一位稲荷大明神というものを、はっきりと意識し、認識して、そしてそれを祀るということよりも、油揚げを好む狐をまつるということになるのが、近寄りやすい宗教心の行き方であるらしい。そういうことは、未開人の間に行なわれている宗教には、いくらでもあることである。それが今日にも残っているというようなことになっている。とにかく、そういうように、何かしなければならぬのでする。するということが先になって、それからすることに対して、何のためにするかという疑問が出て来る、説明が出る、言いわけがくっつく。そのときが、すなわち知的要素が、宗教へはいって来る時節なのであります。

これもちょうどわれわれが子供のときの経験に当てはめて考えてみても、十三、四歳くらい、中学の三年生くらいがいちばん理屈を言いたがる。そのころがもっとも理屈の発達してくる年ごろであって、われわれが、今までは仏教の家であれば、お寺に行って、お経を読むとか、説教を聞いたり、いろいろの儀式に集まる。そして親がやる通りに、自分もやって、満足しておったものが、そのころになるというと、仏というものはあるものか、ないものかという疑いが出て来る。キリスト教徒であると、神というものが、あるかないかということになる。そういう疑問が出て来る。そしていったい死んだものにお経を読むというのは、何のために読むのか。死んだものはどこに行くか。お経を読むと何のためになるかというような疑問《はんもん》が、次から次へと出て来る。そしてその答えに満足が得られぬというと、そのために煩悶する。親でも始末のつけにくい時が来るようになる。それが、何といっても、出て来るに相違ないのである。論語に、十五にして学に志すということがありますが、十五になって学に志すということは、ただ中国人がいろいろのことを覚える時になったという意味でなくして、物を尋ねる、物を質《ただ》すなどいう研究心、すなわち一つの知的自覚ができたということになったと見てよかろうと思う。今まで無条件で受け入れたものを、今度はその受けいれたものを、何のためにそういうことになるのであるか、果たして受け入れるだけの理屈があるかということを考える。そういうことに普通はなるのである。つまり今までは一つのものであったが――働きというものであったが、今度は振り返ってその働きそのものを見るということになる。働くものは何であるかと尋ねるようになる。今までは分別というものがなかった。自分というものは働く自分であって、考える——後を見て「これは？」という考えを起こす自分でなかった。ただ働くだけの自分であった。それが自分というものを離れて、自分を見るというようなことになるのである。そこで知的要求が起こるということは、自分が二つに分かれたということになる。この分かれるということは、本当に自分を救う階梯《かいてい》にもなるけれども、また自分というものを悩ますことにもなる。これを生物的に考えてみるというと、動物の世界などを見てもそうでありますが、動物の中には怜悧《れいり》なものもあるが、すこぶる原始的な下等動物などを見ると、ただ働きということだけである、考えるということはない。植物にしても同様である。だから分別ということもない。それがそのままにすまないで、一つのものがなくなり、自分と自分でないものが対立してくる世界が認識せられると、その二つは互いに牽制《けんせい》し合うということになる。条件がいつも自由なる条件でなくして、自分の行動を阻止《そし》するところの何ものかが、いつも自分の向こうに立っている。この働きの一つであった時代は、すぎ去るのである。そうすると、自分の運動を阻止するのであるから、その止められたゆえんの事由を考えるということになる。なぜ止められたか、なぜ止められなければならなかったか、そして自分を阻止したところのものはどういうものであったかということについて考えを起こすようになる。今まではただ働きだけであったものが、進んで来るというと、その働きをさせるところのものについて考える。いったい何があるのだということになる。

これが子供の時代から青年の時代に来ると起こって来る。

かくのごとく知というものの発達の経路が、働きということのみにとどまらないで、一歩退いて、その働きというものを見るということになる。自分の運動を阻止したところのものは何であるかということを考え、自分の運動の行く先、どこに行けば運動が自由にできるかと考えてみる。どうも邪魔になるが、その邪魔になることが、かえっていいということもだんだん考えられるようになる。初めは簡単に邪魔になるものを避けて、支障のないところに行こうというようなことになるが、だんだん進んで来ると、その邪魔にしたものがかえっていいということになるものであるということになるのだ。これが本当に考えるということになるのである。考えるということは邪魔をするものがあるから、考えるということになるのである。ところがいったん考えるということが出ると、ますます考えるという方面が発達して来て、ここに知というものが独立するようになるのである。昔から「艱難《かんなん》は汝《なんじ》を玉にす」ということをよく聞きますが、金がないとか、いろいろ艱難に出会うというと、人間を考える動物にしてしまう。そうすると、その考えということが、その運動の方向を転換するために、その人の考える意識の内容というものが豊富になるという結果になる。艱難は艱難であるけれども、それがために、その人の意識の内容を豊富にするということになれば、それだけ個人として価値のあるものとなる。それがある程度を越えるというとまた困る場合もあるかと思うけれども、そうでないとすると、この内容を豊富にする機会が多ければ多いほど、よかろうと思う。これはその人の本来の力によって、いろいろの障害物に出会って、そしてそれを、いわゆる消化して行くだけの力がある人は、それがために、ますます内容の豊富な心の生活を営む人であろう。が、その力がない、もっていないというと、向こうから来るところの力に対して、こちらが負けてしまって、かえって発達を阻止せられるような場合もある。そのところをどういう具合にして行くか、いろいろその人の遺伝というもの、環境というものの関係が、個人個人に違っているのであるから、そこに個人の意識の発達というものについては、よほど教育家の研究、あるいは経済学者の研究によることだろうと思うのであります。

そういうことは、そんなにむつかしく考えなくとも、学校などでいくらでも考えられるかも知れないが、今日の学校というものも、やはり経済に制せられるのであるから、個人というものについて、その人の環境や遺伝を研究して、その人の個性を十分に発達せしめるというような組織になってない。将来社会が進んで行けば、そういう風になるかも知れないが、今日のところでは、経済とか、あるいはまた国家というような一つの組織があるから、その組織の中に包まれているというと、どうしてもそれだけの制限を受けなければならぬようになる。それはとにかくとして、考えるということは、どうしても必要になる。これが宗教におけるところの知的要素というもののはいって来る次第であります。

初めはどうしても、ある意味で言えば無知、仏教ではこれを無明《むみょう》ともまた不覚とも言う。この無明、不覚ということは、初めから知恵がなかったという意味でなくして、そこに知というものが発達していない、ただ一つの働きがあった、という意味で、これを無明という働きと言ってもいいと思う。仏教のある解釈によると、物がわからぬからいけないのであって、この無明を破らなければならぬという風に解する人があるけれども、私はそれについてはまた多少の意見もあるが、それは別の問題として、ただ意識の発達しない、知性というものの発達して来ない先の、ただの働き、それを無明と言ってよろしい。無明ということは直ちにこれが業《ごう》である。この業ということと無明ということは同じことである。無明の業と言うけれども私は無明即業であると言ってよかろうと思う。意識というものの働きが出て来ない先である。ただし統一に動いて来るのである、これを哲学者は盲動という。無明というのは、単に知恵がないということでなくして、そこに働きだけがあるという意味に私はとりたい。それから退いて動くものを見ようという要求が出て来る。これがなぜ出て来るかと言っても仕方がない。そういう風に人間がなっているのである。

仏教というものは、今から二千五百余年の昔にインドに興った宗教であるが、その時に、すでに仏教が完成していたという訳ではない。次第に完成して来たのであるが、だいたいにその骨子はそのころに出来上がっているのである。その仏教の言うことに、識というものがある。これを分別とも言う。俗に「分別する」とか、「分別盛り」ということを言いますが、これは仏教から出て来た言葉であると思う。今まで無明であるとか、不覚であるとか、業であるといったものが、それが分別というものになって、分かれたものが出て来た。すなわちここに識というものが出て来るのである。ただ働きということだけであったものが、今度は退いて考えてみるという識なるものが発達した。これがいいことであり、また悪いことでもある。分別するということは、これはよほど結構なことであって、これがまた人間としての特性である、動物にもそれはあるだろうが、人間ほどに発達していない。人間の特性として結構なことであるが、しかしこれを大乗仏教の方面から見ると、この分別ということをやめてしまって、無分別の状態にはいらなければならぬということを、しきりに大乗経典などには説いている。楞伽経《りょうがきょう》など最もそう説く。分別ということからして、今度はどういう結果が出て来るかというと、今までの働きということは本能的であったと言ってよろしい。本能というものは無分別である。ある鳥が巣を営むのを見るというと、なかなか怜悧なものであって、相当工学を学び、数学をやった人といえども、それを研究して、大いにその本能性の巧知に驚いたというくらいに巧みなものもある。たとえば蟻の世界を見てもそうである。また、ある地方に行くと、今年は雪が降るという前徴には、鳥が今までの巣よりも二尺も三尺も高いところに巣を作る、それでその地方の人は今年は雪が降るだろうということを知る、ということもある。どうしてそれがわかるか、人間にもそういう本能があったか知らぬが、今ではまったく失われてしまって、いよいよ雪が降ってみなければわからぬ。天気予報などもあるが、それは当てにならぬという人があるが、今日のやり方ではそれはわからぬのが本当でありましょう。今日は天気予報というものの、観測所がどの山の上にも、どの高さにも、完全にできているというのではなく、ことに日本のように太平洋に面して、その変化の影響を受ける国として、太平洋の天気に支配される国として、これはもちろん素人考えであるが、細かい条件がわからぬのであるから、観測すると言っても、それはどうしても完全にできないと思う。科学というものがいかに進歩しても、むつかしい。よほど細かい条件がことごとくそろわぬというと、十分な予報はできないのであろう。ただ天体の運行の観測というようなことは、これは予測できるようになっている。しかしながら、その方は条件が割合に単純であるので、数学で予報することができるのであるが、ここに複雑なる条件が加わるというと、どうしてもうまくいかない。けれども動物の本能になるというと、人間の知恵で及ばないことをよく知っている。これは動物が一か年も、二か年も先のことを予知するということとは違いますけれども、その期間というものには限りがあるけれども、意識しないで、分別しないで、もって生まれた本能でやって行く。人間が五十年かかっても研究し尽くされぬようなことを、本能に任してやっておって、そこにいささかの誤りがない。人間は分別意識ということがよほど進んで来たがために、本能の力というものを、どのくらい失ったかわからぬ。知恵の本性というものは物を分けるというところにあったがために、物を考えるにも、本能ではいけない、算盤《そろばん》をとって当たってみなければならぬということになってしまった。それから知恵がどういう風に進むかというと、今度は知恵が独立を始める。知性の独立とはどういう意味かというと、今までは働きについて、知というものが必要であった。十分な活動をするには、どういう風にしたならばよかろうという、すこぶる実際的な知であったのであるが、すなわち邪魔物があったとするならば、それを除くにはどうしたらいいかというような、すこぶる実地的なものであったが、今度はその働きを離れてしまって、知だけの働きということになって来た。そうすると今まで世間でよく言う通り大学に行って学問をしたが何にもならぬ、銀行などにはいっても給仕から出世した者の方が役に立つ、大学で何を勉強したのか、いっこう役に立たぬというようなことを聞きますが、それはいろいろの方面から説かなければならぬのである。が、とにかく、知の発達は、実際にうというようなことになる傾きがあることはある。ことに学校の先生になっている人というものは、いかにも世間の理屈にはうといので――実際の働きにはうといので、それでたいていの学者というものは、貧乏しているのが普通ということになる。そういう方面については、すこぶるうとい、すこぶる働きが鈍っているということになる。これは実際に学者という人間について、知というものがだんだん独立して行くということになる。知だけが発達するということになると、学問のために学問をするという結果になる。学問を研究してその結果が、人間の生活、私どもの社会生活、団体生活にどういう影響を及ぼすか及ぼさないか、それはわからぬけれども、とにかく、学問のために学問するということになる。それで医者のやることを見ても、医者は人間の病気を癒《いや》すということがその目的であるだろうと思う。が、兎を殺したり、犬を殺したり、やたらに動物を殺してずいぶん残酷なことをやっている。ある程度までは人間の上に利益を及ぼすことがあるかも知れないが、ずいぶん学問のために、研究のためにというので、普通に考えてみるというと、いかにも無慈悲に見えるほど、残酷なことをやっている。それで平気でいるようなこともある。そのためにわれわれがどのくらい利益を蒙《こうむ》るようになっているか知らぬけれども、とにかく、学問を研究するということになると、むやみにそういうことをやるようになる。これは単に医者の方面でなくても、哲学者の研究ということも、思索ということになって来るというと、今日の事実の世界とまったく関係のない、それがあってもなくても、われわれは生きて行くことができるというようなことを、哲学者は研究している。それを概念がどうであるとか、判断がどうであるとかという塩梅《あんばい》に、いろいろのことを次から次へと研究して、まったく別個の世界をこしらえている。物理学者も、歴史学者も、地理学者も、数学者もその通りである。というような訳であるが、しかし、まったく実際を離れきったということはできないだろうが、実際を離れて知恵だけ働くという傾向がある。人間のやることは、たいていそういう傾きがある。だんだん発達の順序を考えると、われわれの実際の生活に必要で起こったものが、今度はそのもののために研究せられるということになり、実地からだんだん離れてしまう。昔から中国人は実地主義の国民であるように言われ、日本人も実地主義であるということになるのであるが、この実地と理屈とが争いの起こる原因となる。これを他の方面から言うと、一方を保守心、また一方を進取心と言うのであるが、必ずしも、学問を研究するということが進取というのではない。学問を研究しないから保守という訳でもない。しかしながら一方に知というものを独立して行くという要素がある。これは進取でないかも知れないが、とにかく、保守ではない。昔のやった通りをやらないということだけでも、たしかに脱線である。それがまた政治の上に社会の上に現われて、いろいろの衝突を起こすということになる。いいか悪いかはとにかくとして、分かれよう分かれようとすることだけは確かである。そしてその結果はどうなるかというと、青年時代にはこれが煩悶《はんもん》となる。十七、八歳ごろからいろいろの宗教上の煩悶というものが出て来て、ついに、今までは愉快な顔をしておったものが、何となく臆病《おくびよう》になってしまう。今までわがままいっぱいに振る舞ったものが、今度は自分の方からなんらかの悩みを感じて、人の中に出る、人に接するということも、躊躇《ちゆうちよ》しなければならぬような、むずむずした心持になる。それは分別の結果である。こどもの間には分別というものがなかった。ところがいくらかずつ年をとるというと、そうでなくなってしまう。それがまただんだん分かれて来るというと、そこに虚飾というものが出て来る。偽りというものが出て来る。自分というものが主になって働いておったものが、いわゆる天上天下唯我独尊と働いて来たところの自分が、分別ができたために、自分を自分として眺めてみるということになると、自分を他の人がどう見るか、ということになって来る。今までは自分を自分で見るということはできないで、こどもが勝手次第に働いて来たのであるが、これが自分が自分の姿を見るということになると、それだけならいいが、今度は自分が自分を見るということでなくして、他の人が自分を見る、他人がどういう風に自分を見るかも知らぬということになる。それを正直に見て、多くの人の癖を見て、自分の癖を直すということになればいいが、一つそこに妙な方に進むというと、どう見せたならば人がどういう風に見てくれるかという虚偽の心が出て来る。自分がこういう訳で働かなければならぬから働くということよりも、人がどういう風に自分を見るかという風に、分別してやるということになる。これは分別がなかったならば出て来ない。虚偽というものがなかったなら、分別というものが出て来ないとさえ思われるようになった。これが今日の社会、いわゆる文明の社会におけるところのいちばんの罪悪の本になるものだと思います。これは西洋の詩人の詩に「人が自分を見るように、自分が自分を見ることができたならば」という意味のことを言っておりますが、人が自分を見る心持と、人が自分をこういう風に見るだろうというその見方と違う。他人が自分を評するのと、自分が他人は自分をこう見ているだろうと、他人の心を忖度《そんたく》するのと、その間に間隔がある。それを正直に他人が自分を見るように、自分で自分を見ることができたならばよほど悪いこともなくなり、清くなる。うぬぼれということもなくなり、世間はよほど平和になるであろうと思う。

それはまた別問題として、そういう風に知性というものが進むとどうなるか。それは自分で自分を殺すということになる。これまでは、自分を助けるために出て来たところの知の働きというものが、今度は自分を殺してしまうということになる。どういう風にして殺すかというと、宗教の方面から見るというと、まったく一つのものを二つに分けたということで殺す。これからいろいろ出て来る。殺し方もいろいろであるが、根本はそれである。今までは天上天下唯我独尊的の働きをしておったものが、今度は前後左右を見回して、いつまでもおずおずして、闊達《かったつ》自在なる働きができないということで、その人が死んでしまうということになる。しかしながら自分というものを自分が鏡に照らして見ることができるのは結構であるが、同時にその人は死んでしまったと言っていい。それで孔子は日に三度反省すると言った弟子に対して、それは二度で沢山であると言った。あまり考え過ぎるというと、なお及ばざるがごとしということになってしまう。これもシェークスピアという人の言葉で、この人は日本の近松に似ていると言うが、よほど人生というものに徹底した目をもっておった人であるが、その人の言葉に、曇《くも》りのない心が、反省で先が見えぬようになるということがある。それからもう一つの中国の言葉であるが、断じて行なえば鬼神も之《これ》を避くということがある。断じて行なえばということは、初めて物をきめたときに、その通りに動けば、それがつき抜けるというのであるが、俗に気狂《きちが》い力ということがある。気狂いというものは分別することがなく、ただ一つしか見ないから、それで力が強い。酒の酔い、本性違《たが》わずということもあるが、同じようなことである。何びとがこうしたとか、誰がああしたということを見ないで、丸木橋を渡るにしても、渡るという向こうばかりを見て、足元を見ない、それでひょろひょろしているようであるが、無事に渡ることができる。それが分別して見ると恐くて渡ることができない。高い塔の上から投身する者がある。これは自殺であるというが、私どもが高いところに上ると、足の下がウズウズするような気持がする。するとそのときに、何だか知らず、ふと、この高いところから飛んで見たらというような気になることがある。私はそれでないかと思う。自殺するために高い塔に上って行くということも、何だかおかしな話であるし、あんな高いところから死ぬと人が見てくれるだろうと、見せびらかすためにということも妙である。人に注目せしめたいという一種の虚栄からそういう高い塔の上から飛び下りて死ぬというような心理がある、という風に言う人もあるけれども、私は高いところに上ると、何だか落ちて見たいような気がしてならぬ、それでそんなに深い考えも企図もなく、飛び下りるのであろうと思う。これを一本調子に行けば、酒酔いが橋を渡るというときには、何の支障もなく渡れるということになる。気狂いの方は、これは分別があった方がいいのであるが、しかしながら、今は分別の悪い方を言っているのである。酒酔いが橋を渡る場合にしても心が一つである、――だからと言って酒を飲まなければならぬという理屈にはならぬが、心が一つであればそういう具合に行くべきところに行くことができるという風になる。こういう訳で物を振り返ってみるというと、そこに働きが鈍る、働きが鈍るというとその人が死んでしまうということになる。戦争に行っても、そうだということを聞くが、戦争に行って非常に勲功をたてて偉い者であると言うけれども、これはある動機があれば誰でもできることである。弾丸がとんで来るというと、険呑《けんのん》な気がするであろうが、少し経ってみるというと、そういうことを言っておっても、どうせ進まなければならぬし、どうせ戦争をしているのであるから、敵を殺すか、自分が殺されるかであるという風に、決断ができて来ると、仕事が一つになってしまう。そうなるとかえって気が落ち着いてしまって、働きが十分にできる。そのときの働きというものは、すこぶる見事な働きで、世間が見ても、自分が後から見ても、どうしてあんなことができたかと思われるくらいのことになる。これが悲しいかな、持続しない。そのときそのときで消えてしまうということがいけない。初めは偉かったが後から堕落してしまったという話をよく聞くことである。忠臣蔵などでも、よく聞くことであるが、忠臣蔵の四十七士が切腹をしたということについても、やはり、これも今は立派な働きを結束してやったが、あの人たちが許されて世間に出て来ると、またどんな失敗をするかわからぬ。長い月日のうちにはどういうことになるかわからぬから、その後を全うさせるためには、今死んだ方がよかろうというようなことから、切腹さしたというような話をきくこともある。いかにもこんな考えにも一応の理屈はあるように思われる。けれどもそれじゃ、一時華やかであったら、後は皆死んでしまったらいいという訳ではないが、一例をお話ししたにすぎないのである。

宗教に迷信というものはどうしてもついて来る。科学が進歩しても、この迷信というものは消えない。欧米の諸国、科学の発達したというところにも、やはり迷信はある。科学というものが発達しなかった中古時代にはもとより迷信はあったのであるが、十八、九世紀の科学の発達が著しい時にも、やはり迷信というものがある。今でもそうであろうと思うが、私がおったのは、二十年も以前のことだが、フランスのお寺に行ってみると、ちょうど浅草の観音さまに参ったように、試験に通ったならば、石瓦《いしがわら》を寄付さしていただきたい。あるいは柱の傷んだところを修繕しようじゃありませんか、試験がいよいよ通りましたから何々を作りました、というようなことを書いたものがある。ちょうど稲荷《いなり》さんに願をかけて私の願を叶《かな》えてください、鳥居を立てますと言うと、稲荷さんが鳥居がほしいとその願を叶えてやる。聞いてやらないと、鳥居を一つ損するということになるが、それを迷信と言う。叶えてほしいという条件と、それから、その相手の頼まれた神との間に、どういう関係があって、どういう条件で、それが叶うか、叶わぬか、それはわからぬ。他人は叶っても自分は叶わぬかも知れぬ。甲が頼んで叶ったから、乙も頼んで叶うという風に、キチンと果たして行くかどうかわからぬ。個人で違うかも知れない。条件というものがことごとくわかっていない。それを迷信と言う。科学の方で、天気予報になると、条件がことごとくわかっている。雨が降る、風が吹く、その条件が備わると、いつでも雨が降り、風が吹くということになるが、迷信の方では、その条件がわからぬ。それをわかったようにしていろいろと願をかけたり、欺《だま》したり、誤魔化したりするようなことをやる。これは科学のようにはっきりと条件というものを定めて、そして知識というものの及ぶところ、及ばないところをはっきりさして行くのと違う。そういう方面の仕事がだんだん進んで行くにかかわらず、わからない条件を当てにして、そこに一つの何か心の願を叶えさしていただきたいというような欲望、これが迷信となるのであるが、その迷信というものが、科学の進歩にかかわらず、今でもある。それはどうかというと、中にはこう言う人がある。世間でよく、こういうところに家を立てる、井戸を掘る、便所をこしらえるといけない、方位が悪いと言う。自分はそういうことは信じておらぬけれども、人が悪いということを、自分が頑張ってやると何かまた悪いことができて来るかも知れない、出て来ないかも知れぬ、けれどもさしつかえないものなれば、人の悪いという方角に便所を作り、井戸を掘ることはしないで他の方角にしてよかろう。悪いという理屈はわからぬけれども、悪いということは避けようという妥協的な実利主義の人もある。迷信は迷信として特別に研究しなければならぬのであるが、私の観察した方面からいうと、そういう知識というものができ、科学というものが、条件をいろいろ研究して行くにもかかわらず、今日までどうしても迷信というものが絶えない。その根拠はどこにあるかというと、人間というものには科学を超越した一つ根本的本能的のものがある。迷信の根拠は科学の世界の埒《らち》の外に出ている。あるいはその世界よりもっと深い処に根ざしているのである。その根が断たれない以上は、どうしても迷信というものは残る。科学がいかに進歩しても迷信の根を断つことはできない。よく迷信を打破する会をこしらえて、いろいろのことをやる人がありますが、そういうところに行く人は、迷信のない人であって、迷信のある人はそういうところに行ってもなかなかとれない。また初めから行かぬのである。そんな会に行って迷信のとれて来る人は、初めから迷信をもっていない人である、あるいはほとんど取れかけている人である。だからそういう会を開いても役に立たぬと言ってよろしい。役に立たそうという人はそういう方面には立ち寄らぬということになる。それから根を出しているのであるから、迷信というものはある程度までは、根絶することができるかも知れないが、それ以上根絶することはできないと私は思う。科学の力というものははっきりしたところから出ている。物を二つにして、そしてはっきり分けるところに科学ができている。ところが迷信や宗教というものはそうでない。無分別のところから根を出しているのであるから、そこには科学の力も及ばない。科学の力の及ばない、届かないところを無分別というのである。そのところから迷信が出ている、宗教が出ている。それで宗教とか迷信というものは、多少そこに険呑なところがあるので、よく吟味して、採るべきを採り、捨つべきは捨てるようにしなければならぬのである。

神を頼む、仏を頼むということがある。自分の力では及ばないところがどこかにある。その及ばないところのものを、神と言い仏と言うのである。それを頼んだということになる。自分の力の及ばない、考えの足りない、わからないということを、どうかしてわかりたい、どうか自分の都合のいいようになりたいという願いから迷信が出ているのである。だから、このわからぬということが本になっているのであるから、これは科学ではどうしてもわからぬ。それがすなわち宗教の根拠である。人間というものにはどうしてもわからぬところがある。知というものが出て来て、今まで無明であった、不覚であったところのものを明らかに照らし、二つに分けて見るということができたにかかわらず、その知の及ばないところがある。知だけではどうしても及ばないところがある。それがあるからここに不安というものがどうしても出て来るのである。不安というものが出て来るから、こどもの時代、青年の時代には理想の盛んな時であるから、それをどうしても片づけたいということになる。けれどもこの理屈ということでも、どうしても役に立たぬことがある。それはどういう意味かというと、今一つであったものが、二つに分けて、わかるようになった。しかし、まだわからぬところがある。わかるということは絶対的のものでなくして、何かわからぬというものを背景に置いて、そしてそこに働くものがあるということになる。一つのものを土台にして、二つ以上のものを作っているのである。二つのものが二つということで、初めからわかれているのではなくして、その二つというものを勘定することができるのは、つまり一つというものが本になっているから、勘定ができるのである。だから二つというものの本は一つである。この一つということは、二つに分けて、その一つ一つと数えた一つでないということに気をつけておかなければならぬ。一つということは、二つの一つでない。数学上の一つでない、働きそのものである。一つとも何とも言わないで、ただ働いて動いている。そのことを一つというのである。こういう風に考えると、一つのものから二つに出たというとき、その一つというのは、もちろん分かれないときの働きということの意味にとる。それですでに一つのものとなっているというと、それは分かれているのだから、そんな一つでは本当のものが出ない。今言う一つということは、分かれないときの一つである。二に対することも三に対することもできない一つである。そういう一つはどうして考えられるかというと、考えられないのである。しかしその一つが捕まらぬというと、どうしても安心ということができない。知恵というものは、その方面から考えると、人間を馬鹿にするために出て来たようにも思われるのである。初めは知というものがほしかったから出て来たのであるが、いよいよそれが出て来ると、それを役に立つ方面に向けなければならぬ。もしも、知というものが独立すると、今度は、われわれを馬鹿にするために出たもののような心持がするのである。われわれに、もし目というものが開いていなかったならば、ほしいとか、見たいという心はなかったかも知れない。ところがどういうものか、われわれには、やっぱり物を見たいという心があった。もとから目があって、目の働きというものができたというのではなくして、もとより目というものが欲しかったので、目というものができたという風に考えるべきものと私は思うのであるが、その目がいったんできると、そうすると、いろいろ山が見えたり、川が見えたり、山川草木ことごとく見ることができ、春は春、秋は秋の景色を見ることができるということになった。それだけならばいいが、今度はいろいろの錯綜《さくそう》した人の状態を見て来て、そしてあれがほしい、これがほしいということが出て来る。そうすると目というものがあるがために、かえってどのくらい悩みというものをわれわれが日々経験しているかわからぬ。わからぬがまた一方にこの目があるために、どのくらいわれわれが精神の慰藉《いしゃ》というものを得ているかも知れぬということになる。三猿主義で、見ざる、聞かざる、言わざるであった方が、かえってよかったかも知れない。字を知るは憂いの因ということを、古人は言っているが、文字を知ったがために、いろいろ面倒なことになってくるということである。知というものが働いて、そしてこれはといって振り返って見たがために、どのくらい良いことがあるかも知れないが、それがため、またどのくらい悩みがあるかもわからぬ。宗教的に言えば、釈迦《しゃか》は生まれたままでおればそれでいいが、天上天下唯我独尊というようなことを言ったがために、いろいろとそれから出て来て、今日に及んでわれわれが悩んでいるという風に言うこともできる。それは何かというと、今の目でものを見ることができ、それが出て来る。それはいいことであるけれども、同時に悪いこともついて来た。分別ということが出て来る。これはまことにいいことであるけれども、同時に悪いことも出て来たので、そこでどうしても話の埒をあけなければならぬということになる。その埒をあけるということ、これを哲学というものは、どこまでも知を働かして、これで解決しようとする。しかし哲学と言ってもただ理屈を言うのではなくして、哲学にも何か経験するということがなくては、哲学というものには生命がない。その点において宗教は哲学よりも力があると言うことができる。それはどういうことかというと、宗教というものは、分かれる方面をどこまでも追おうとするのではなくして、退いて一方を見るという、退一歩ということがある。この退いて見るということが、大事であって、またそうなければならぬのである。退一歩、もとに戻るということは、遠いところまで行かずに、いい加減のところで、戻ろうじゃないかということは言い得るけれども、それは言い得るだけであって、事実は行くところまで行って、初めて戻ることができるのである。宗教はそこに根拠をもっているのである。それを無分別の境という塩梅《あんばい》に言うのである。そういうことから考えて来るというと、宗教は感情であるという具合に言う人がある。宗教は感情とまったく一つであるという訳にはいかぬけれども、ある程度までは、そういうことができると思う。それで感情でわからぬということも、宗教者の態度からいうと、わからぬということはそれでわかっているのである。宗教というものを本当に体験した人の心理を解剖して見るというと、わからぬと言っておっても実はわかっているのである。わからぬということは、すなわちわかるということである。そう言った方が適切でないかと思う。わからぬということがわかったというなら、わからぬということ、すなわちこれがわかったことであると、私はそう考えるのである。そういうものであるとすれば、単に感情というものでなくして、どうしても知的の分子がここに含まれているに相違ない。わかるとかわからぬということは、どうしても、越えなければならぬのであるから、それを、単なる感情であるという訳にはいくまいと思う。そこで、この本能という方面に話が移って来るのであるが、宗教はこの点では本能を肯定するということになる。本能を働かせていると言ってもよいと思う。だが、宗教が本能を働かせたということになると、これは危険が伴う。この点はよほど考えてみなければならぬことと思うのである。ここにおいて、もう一歩突っ込んだ徹底した考えが出て来なければならぬ。ことに仏教においては険呑《けんのん》なことがあると思う。今のような大体の論から言うと、無政府主義、あるいは虚無主義というようなことも、すなわち宗教のある方面から見て、これを許すということも言えないこともないかと思う。これが宗教のもっているところの必然の弊害であって、昔から宗教を見るというと、一方では厳粛な格好の、お釈迦さまが修行せられたような塩梅に、樹下石上に坐禅《ざぜん》を組んで、難行苦行を続けるということになる。また一方にはそうでなくして、反対に、何でもやりたいことはやる、人をも殺すことがある。あらゆることをやる。それがかえって宗教上の儀式になることもあるという塩梅に出て来ることもある。そこで危険なことが添うて来ると思う。ことにこの点は大乗仏教においてはよほど注意しておかなければならぬと思う。

大乗仏教の中に菩薩《ぼさつ》という考えがある。これはどういう意味かというと、菩薩はいろいろの型をとって衆生《しゅじょう》を済度する。観音さまは三十三身に化ける。仏教にはまた応身ということを言う。法仏は、この肉体でなくして、一種の法体である。それが相手の要求するに随《したが》って形を現わすという。その要求を容《い》れて、その形を現わして済度するというので、女を要求すれば、女に現じて済度するというので、これがよほど険呑な考えである。日本においては、普賢《ふげん》菩薩がそういうことをやる。普賢というのは象に乗っている。文殊《もんじゅ》は獅子《しし》に乗っている。そして獅子奮迅《ふんじん》というので何でもかでも打ちくだくというので、文殊は剣をもっている。普賢は象に乗っている。象は穏やかな動物であってそして物を包容する性質がある。何でも乗せる。普賢が象に乗っているのはそういう方面を象徴するのである。諸君もあるいはご覧になったことがあるかと思うが、女の顔をして普賢が象に乗っている絵がある。博物館などにときどきそういうものがあるから見られる機会もあると思う。それは婦人の相をもって、人を済度するというのであるが、この婦人というものは、どういうものを象徴しているかというと、大抵は色欲の象徴になっている。これは婦人にもいろいろ偉い人があるが、普賢が女になって現われ出るということは、男子本位の世界であったからで、これから婦人が選挙権を得るようになれば、男子を支配するようになるかも知れない。今は男子本位であるから、男子の都合のいいような法律をこしらえたり、社会制度を作っているが、これからはどうなるかわからぬ。その時代は、男子本位の時代であったから、普賢が男の要求する女になって、男を済度するというので、男から見ると具合のいい宗教哲学である。それがために、すこぶる良からざる社会制度を是認するというような形になることもある。これが大乗仏教の、ことに危険の多いところであると思う。これをどうかして防がなければならぬ。何か悪いことがあっても、悪いことをしたのではないということになる。禅坊さんにいわせると、済度したのだという。それならば、いいことをして済度したならばどうか。いいことをして、いいことをしたのでなければ、悪いことをしたのでもないということになると結構であるが、悪いことをして、悪いことをしたのでもなければ、いいことをしたのでもないのでは険呑である。人間というものはいろいろの欠点が多いのであるから、それを牽制《けんせい》してゆかなければならぬと思うが、その方面で私はこの大乗仏教というものはよほど危険なところがあると思う。酒酔い本性違《たが》わずというところに、宗教の妙味があるけれども、それと同時によほど危険なところがある。その妙所というものを開いて、そして危険なところをなるべく押えて行くような方法に、どうしてもやりたいと思う。どういう風になるかわからぬけれども、とにかく、そういうことに宗教の立て前というものを進めて行かなければならぬと思うのである。

第三講　宗教としての仏教

宗教の神秘的要素——知不到処——受動性——個性的色彩

宗教というものは、前講に申し述べたごとく、私の考えによると、大体三つの要素からできている。すなわち一は伝統的、二は知的、三は神秘的、この三つに大別すれば、宗教というものの本質を言い表わし得るのではないかと思う。しかしこれに、もう一つ付け加えておきたい。すなわち儀式ということがやはり必要でないかと思う。あるいはこれを美的分子と言ってもいいかも知れない。いろいろ殿堂を荘厳にするということもあろうし、また、音楽などもその中にはいって来る。こういうものは宗教の美的方面と見てよい。この儀式がないと本当の宗教のありがたさが生まれて来ないように思う。

伝統的分子というのは、承《う》け伝えるというので、仏教では伝承と言うことである。一般的に伝統と言ってもいいかも知れない。昔から伝わって来たものを、親から子に、子から孫に伝えて行く、これは宗教の保守分子になる。宗教というものは、だいたいに保守的なものであるが、その保守分子を助成するのは、この伝承的分子というものがあるからである。それと反対に、知的分子というものは、これは破壊しようという方面である。これが二六時中伝承の方面、神秘的の方面、儀式の方面と衝突をする。そしてすべてのものを破壊しようとするような傾向がある。今日は主として神秘的要素のことを申し上げるのであるが、この神秘という字は日本に昔からあった。字はあったけれども近ごろ言う神秘というのとは少し違うようである。神秘的、あるいは神秘性というような言葉を使うのは、最近のことだと思う。それで神秘ということをちょっと解釈すると、これは何か仏教で言う真言宗の真言秘密の法という塩梅《あんばい》に、物を隠し立てをするような意味に言う場合があるかも知れないが、ここにいう神秘というのは、そうでなくして、現わそうとしても現わすことができない、それを言うのであると解釈していいと思う。隠そうとして隠すのではなく、顕《あら》わそうとしても顕わすことができない――しかしそういうと、だいぶこの知的の意味を含んで来るけれども、私の言う神秘というのは、広い意味にとってはどうかと思う。広い意味にして、どういうものをすべて含ませるかというと、すなわち先に言ったように、示そうとしても示すことのできない、いわゆる釈迦《しやか》が四十九年一字不説（楞伽経《りようがきよう》）ということがある。この四十九年ということは釈迦が二十九で成道《じようどう》して、八十で亡くなった。そして、四十九年間説法では、少し数が足りないけれども、文学的には精確でなくても、四十九、それで面白いのではないかと思う。四十八年でもなく、四十七年でもなく、四十九年ということは、私の考えであるけれども、詩的に面白いのではないかと思う。それで四十九年、その間一字も説かぬ、成道の晩から涅槃《ねはん》の晩まで、その間一字も説いたこともなく、また一つも弟子の問に答えたこともないという。普通は四十九年一字不説ということになっている。それは知的方面であって、示そうとしても示されないというような心持、言えばそれは神秘でなくなる。が、私の意味はそれを広い意味で言ってはどうかと思う。そして知的で言う意味の神秘、それから情の方で言う、いわゆる神秘、この二つが重なって、ここに宗教というものの本当の性質が現われて出て来るのではないかと思う。先に言った伝承的、伝統的分子、知的分子、儀式的分子というようなものによって宗教ができているけれども、それだけでは宗教はできないので、宗教に、いわゆる竜を描いてそして最後の目を点ずるのは、神秘的感情でなくてはならぬ。神秘的分子が宗教に含まれて、いわゆる宗教が生き生きとしたものになって来ると言いたい。それであるから、この神秘ということの中には、いろいろの感情的分子もよほど含まれている。どういうような感情があるかというと、たとえば驚異という感情、すなわち見慣れない、平生見慣れないものは妙なという感じがする、その妙なという感情の起こるものが、みな宗教かというと、もちろんそうではないけれども、宗教というものには、この驚異の心を最高度に起こさせるものがあると言ってはどうかと思う。これはまた一概には言えないかも知れないが、私がびっくりしたと言っても、他の人はそうでないかも知れないから、漠然としているけれども、よほどどこの驚異ということがはいっている。その次には恐怖である。驚いても、怖れないことは沢山ある。親しい者が久し振りに訪問して来たとする。驚くけれども怖れない。ところが、驚きもするし、それと同時に恐怖を起こすものがある。これは自分の力の及ばない圧迫を感ずるところに恐怖の念を起こす。恐怖の念の外にもう一つ畏《おそ》れというものがある。畏敬《いけい》の念というものがある。恐れはあってもこの畏れという念を起こさないものがある。

ただ恐い、驚き、びっくりする、ということもあるけれども、あるものに対しては、一つの尊敬の念を起こすということにとどまらないで、それ以上の心持の動くことがある。ただ自分と同じようなものであるけれども、自分よりも上級のものである。ある意味において、必ずしも社会の位置がいいからというのではなく、富の力があるというのでもなく、ただ何だか自分と同じようであるけれども、自分よりもどこやら違ったものがある、それが畏敬である。これを神に対するという場合には、何となく頭が下がる、というような心持、ただ尊敬するという心持とは違う。畏敬と言ってよかろうと思う。もっと詳しく言うと、驚きという意味も、怖れという意味も、尊ぶという意味も、その中にはいっている。皆ことごとくよせて一つにした複雑な情操、それを畏敬という風に言えば、どうかと思う。そういうものがはいっておらぬといけぬ。また、それだけでいいかというと、さらに一つ二つのものがはいらなければならぬ。それは信頼ということである。まったくそのものに身を任せて自分を捨てて、そのものに自分というものを任せておけば安心である、という信頼、それがはいって来ぬといかぬ。も一つは希望である。信任ということも、頼むことではあるが、自分のもっている理想というか、自分のいちばんの大事なもの、もっとも価値のあるものとしていることが、ますます価値あるように、ますます栄えて行くようにという望みを、そのものに対してもって行かなければならぬ。それが信頼すると言っても、よくなるように信頼、ますます栄えて行くという信頼、ますます善くなってゆくという信頼、希望、こういうものがないといかぬ。知的分子の勝った宗教では、あまりこの感情を入れずにいるかも知れないが、よく分析してみると希望という感情がはいっている。これはキリスト教の人はやかましく言う。信仰と、愛と、希望、この三者がキリスト教のいちばん大切なものと考えられている。仏教では、この希望ということがないように、他の宗教者が批評することもあるけれども、仏教も詮索《せんさく》してみると、希望というものがはっきりはいっている。禅宗などは、もっとも希望のないような宗教のように、昔から言われているけれども、よく吟味してみると、やはり、希望という感情はある。これがなかったならば禅宗の禅宗たる面目もないように思う。知的、直覚的の思想で固めた人でも、やはり一種の希望というものはあるように感ずるのである。この希望ということから出て来るものがある。だんだんに出て来るものがある。すなわち今言った信頼するとか、畏敬するとかいうようなものは、それから出て来る複雑な感情である。それがないと宗教にはならぬ。安心というものがある。信任するということは安心と見てもいいが、しかし信任するだけでは、その意味を十分表わすことができないと思う。これがいいという安心するところがある。この安心というものが宗教にないといかぬ。ただ伝統的に、伝承的にいろいろのものを聞いて、安心していても、知的分子で破壊されてしまう。儀式である、美的であると言っても、ここに一つ、心の中に乱れないという安心がなければならぬ。いかに恐怖の念があっても、その外に信任と言ってもいい、希望と言ってもいいが、ここに確固たる安心というものがなかったならば、やはり宗教は成りたたないと思う。宗教としての仏教というような題を出すというと、仏教はそれでは宗教ではないのかというような問が出て来るかも知れないが、一般に仏教は知的であるという風に考えられている。哲学であるという人もある。また、いろいろの要素がはいっているようにも考えている。そういう点をはっきりするために、今言ったように感情というような方面を入れておかぬといけぬと思って、その辺のことを割合に詳細に申し上げたのである。

この安心ということ、転迷開悟というようなことを仏教では言うが、そうでなくして、詳しく解剖して、できるだけ正確に、その感情の分析をしなければならぬ。単に安心ということだけでなくて、希望ということ、信任ということ、畏れということ、それから慈悲ということ、こういうものがないというといかぬ。それからただそれだけでなくして、歓喜の心もなくてはならぬと言ってもいい。歓《よろこ》び、法悦ということも、またなければならぬ。こういうようないろいろの感情、これは口には言えない、宗教の真理を組み立てているところの情的要素であると思う。

こういうようないろいろの感情がどうして起こるかというと、たとえば天変地異というようなこと、ここに何となく恐れという念が起こる。野蛮人はただ怖れて、これはわれわれよりも大きなものがおって、それの気に触れたので、その怒りでひどい目に遭うのであるから、いろいろの儀式でもやって慰めたらよかろうということになるかも知れない。野蛮時代の宗教の発達というのはこの怖れということが主になっているだろうと思う。これがだんだん進歩して来るというと、われわれが自然の変革というようなもの、動物でも、鉱物でも、たとえば水が凍ると美しい六角の結晶となる。あるいは鉱物でも一定の美しい結晶をする。そういう鉱物の結晶を見ても実に驚異に値する。植物などであっても、春になって花が咲き、秋に紅葉するというようなことも――最近の植物学者の説によると植物でも傷みを感ずるということを言う。われわれが手を切ると傷みを感ずる。植物の枝一本折ってもどこに傷みを感ずるかというようなことはわれわれにはわからぬ。動物にしても蛆虫《うじむし》のようなものは邪魔になれば殺してしまうけれど、傷みを感ずるか感じないかわからぬ。が、植物の性能を研究した人の話では、植物でもなかなか鋭敏な感覚性をもっているということである。枝を折るとか、葉をちぎるというと、その部分に細胞というものが集中せられて、鋭敏なる感受性を現わして、細胞の組織がその部面に異状の活動を生ずるというようなことを、植物を研究した人が、いろいろ細かい機械をもって測定している。また動物にしても不思議なことがずいぶんある。燕《つばめ》なども春になると、どこからか知らぬがやって来て、そして、自分の子を育てて秋になるとさっさとどこかに飛び去ってしまう。毎年これを繰り返している。蜂が巣をこしらえるのにしても、蟻が塔を築くのにしても、その本能を考えるというと、どうも精緻《せいち》なものである。その方面の学者はこんな事実について、十分の材料を提供し得ることと思うが、そういうことを考えてみると、われわれを取り巻いている自然というものにも、何か一種の目的があるのではないか、ただそういう蜂、蟻というようなものが完備した社会生活を営むという、専門の工学者でもびっくりするというようなことがある。それがどうしてできるか、昔はそういう点からキリスト教の人たちは神があるという議論をした訳であるが、そういうことをもって、神があるという議論になるかどうかは別問題として、とにかく人間の恐怖心を起こさすには十分であると思う。人間が考えてもできない、工学者が十分の頭をもってやっても、ちょっとわかりにくいようなことが、蟻、蜂が生まれながらにちゃんと覚えているというのは、よほど不思議なことである。この辺の研究をした人の本を読むとよほど驚異に値する。蜘蛛《くも》が巣を張ったり、蜂が巣を造ったりする、その造り方を考えてみると、よほど物理的な、力学的な精緻な数学がはいっているものだという。ある人の言うには、人間というものはこういう動物のもっている本能ということからだんだん遠ざかって、何も彼も考えてやらぬとできなくなってしまったという。橋をこしらえるにはなかなか大変なことであろうと思う。いろいろの物理や、力学の考えを入れなければならぬであろうが、それはよほど考えないと、やたらにできるという訳にはいかない。専門家でなければいけない。動物になると、それが生まれながらにして巣をかけ、蜘蛛が巣を張るということも、数学的にできている。どこに糸をかけると、もっとも堅固にできるか、どういう風に糸を伸ばしたならば、経済学的にできるかというような問題が、ことごとく考えられている。それを蜘蛛や蜂は本能的にやっている。人間はそれを研究して勘定してするのである。人間は進歩するに従って、本能というものにだんだんと遠ざかって来たのである。うしなって来たのである。その人間が得るところと、失うところを比較して、果たしてその失を償い得るかどうかは疑問である。それかといって今さらわれわれがもとの本能に還《かえ》ってしまうということはできないのであるが、そこが人間としての悩みであると思う。

　ところが宗教には、この本能に帰るということがだいぶある。その本能に還るということは、自然世界の神秘、生物界の神秘を見て、それに打たれていろいろの感情を起こすが、宗教には人間にもっとも欠けているところの本能――もっとも高いところの本能というようなものがある。これを宗教的本能と言ってもいいと思う。それにぶつかって、はじめてここに宗教をして宗教たらしめるものが成就する。人間が動物の本能を感ずるということから、だんだん人間のもっている最高の本能に導く一つの目標が見出されたものであると言ってもいいかと思う。自然界および人間界――人間を自然界の中に入れてしまえばいいのであるが、人間を自然と離さなければならぬこともある。また、一つにしなければならぬこともある。人間が自然と離れるというのは妙なことで、宗教の面白味のあるところであるが、これはとにかくとして、本能を見て驚きというような心が起こらなければならぬようになるのは、どうかというと、われわれの意識の及ばないところのものがある、ということに気がつくということである。驚きということ、怖れということ、知不到というようなこと。自分の知恵ではどうしてもそれを把握することができない、摑《つか》むことができない。たとえば宇宙なら宇宙というと、自分の力でそれを摑み入れることができぬところのものがある。そこにわれわれは一種の感情が起こる。その感情を驚きと言い、怖れと言い、あるいは畏敬というような塩梅《あんばい》に、いろいろの名をつける。

　ただ怖れとか、驚きとか、畏敬というものになっておれば、自然と自分とが離れてしまう。離れてしまって別になるのである。そこにはまだ宗教というものが出て来ない。自分の力の及ばないあるものと、自分とを同列に置きたい、自分とそのものをひと処に置きたいということでなければならぬ。あるいはまた、自分とそのものとを一つにしたい、自分がそのものになり、そのものが自分になるということでなければならぬ。すなわちお互いに友だちとなって手をとり合って、心を打ち明けて話をすることができるような具合に、同列となることと、今一つは、彼と我とまったく同一になることと——宗教にはこの二つがあるのである。一つと見るか、二つの対立として見るか、一つのものと見るか、相互の関係に立って話をすることのできるものと見るか、この二つのいずれかで、宗教の立て前が違う。仏教などは自他を一つにしてしまうということになっている。他の宗教では自他を同列にして手を握って話ができるように考える。自分がそれと同じように、偉くなるのかというと、必ずしもそうではない。自分がそのものと同じところに上がって行くか、そのものが下がって来るか、いずれにしても互いに手をとって話すことができるものにしたいというのである。これを押しつめて行くというと、同列に立つといっても、それが同じでないというと、同列に立てない。同列でない立場から言って、自分とまったく同じものになれば、そうならなくてもいい訳で、自分と彼と、その間に渾然《こんぜん》とした一というものが成り立つ。そうすると彼とも言えず、我とも言えずということになる。それとなしに彼が我か、我が彼か、彼我を言っている間に、やはり我と彼というものを立てているのである。そうするというと、一つであるということも言えなければ、二つになっている、同列に立っているということも言えない。一つになるという方の宗教も、その実二つを認めていることになり、同列に置くといっても、二つを立てておくという宗教でも、やはり、そこに一つを認めなければならぬことになる。畢竟《ひっきょう》するところは、立場が違うので、いずれでも私はただ議論をする人とか、理屈を言う人とかが、いずれかの立場に立って話をするときに、一方を挙げ、一方を落とすということになるのではないかと思う。そういうようなことになるかと思う。

それで仏教の方で言うと、知の及ばないところならば、自分と離れたものである。離れておれば知の及ばないのはもちろんであるけれども、しかも自分の知にそれをとり入れたい、という心持が、仏教では出ている。実をいうと、知恵が及ばないといっても、自分とまったく離れたものではない。離れたものでなくして、自分にあるものでなくてはならぬ。まったく知の及ばないところであるならば、及ばないとか及ぶとかも言えない。及ばないときには、何か及ぶべきものがあるから及ばないということも言い得るのである。まったく及ばないもので、初めからその間に、なんらの交渉すべき同一性、同性質のものがなかったならば、及ぶも及ばないもない話だ。その間にはなんらの関係もないことになる。そこに関係ができて、知が及ばないというならば、それだけすでに及んでいるのである。その及んでいるものならば、これが言い得るかというと言い得ない。知の到らぬところを言い得るかというと言い得ない。到るとも到らぬとも何とも言えない。ここのところを禅宗の人はよく目をつけて、そして「言い得るとも言わなければ、言い得ないとも言わない。言い得るも三十棒、言い得ざるも三十棒」というような塩梅に出る。ここに到ったと言えば到ったことになる。到ると到らぬと、どちらかにきまってしまう。それがいずれともきまっていないけれども、それで定まっている。禅宗の人は、その点を、他の宗旨と違って、力を注いで、いろいろの方法をもって言い表わしている。

真宗になると、そういう塩梅に知の到らぬとか、到るとかいうことは言わないで、弥陀《みだ》の本願ということにしてしまい、それに任してしまって、こちらは何も持たないということにしてしまう。そして仏法というものは、いかにも不思議なものであるということになる。ところがこの真宗の方では、仏教の情の方面をばしきりに力説する。禅宗は知の方面を力説するのであるから、言い得るも三十棒、言い得ざるも三十棒というようなことになるが、真宗の方では、情の方面から弥陀の本願ということが、罪あるわれらを救うということを感ずるところに、真宗の情意的のところがある。禅宗的、知的の方面を感じないという訳ではないが、それはどうしても、見方が違っていると思う。真宗の方ではこの罪がある、その罪があるというように、その因果の法則によって、極楽に行けないで、地獄に行くときまっているものが、仏の本願で罪をそのままにしておいて、極楽に行けるということが、いかにも仏法の不思議である。われわれのはからいでは、それを今日の言葉で言うならば悩みの世界、悩みの世界では、因果律というものが行なわれているのであるが、この因果律が批判した悪いことがあっても、弥陀の本願によって、いいところに行ける。弥陀の本願というものは、この因果律を超越しているので、私たち悪いものども、すなわち極楽に行けずに地獄に行くにきまっているものを、極楽にやるということにしてくれるのである。これが仏法の不思議で、凡夫の計らいではわからぬ。悩みの自然界では、そういうことは行なわれないけれども、宗教の世界では、それが行なわれるということは、仏法の不思議だと言う。そういう方面から真宗は仏法は不思議であると言う。

禅宗の人はその罪悪ということも、そういうような方面をも、言い得るも三十棒、言い得ざるも三十棒というような立場から見て行くのである。禅宗というものは、かくのごとくにして、ほとんどとりとめのないもののような気がするが、それは必ずしもそうではなくして、禅宗にはやはり宗教としての希望がある。法悦というようなことも、皆出て来るのである。その力を入れて説くところが、真宗の情意を入れているところと正反対のように、相容《あいい》れないような心持がするのである。けれどもそれは見ようによっては同じである。

真宗の人は自然法爾《じねんほうに》ということをよく言う。どういう意味かというと、弥陀の働きのままにしておくということである。弥陀の本願の働きのままに、われわれの計らいを持たないで、任しておくということである。自然の本願自身のその働きのままに任せて、われわれ人間の相対的の考えは入れない。何もかも、仏の力の上に現わされるのであるから、その仏の力のままにしておけばいい、人間の考えを入れずにおく。これを信任と言ってもいい、頼むと言ってもいい、頼むということも、任せるということも、同じことである。これを自然法爾と言う。

真宗にもそういう方面のことを言うことがある。しかしながら、他の仏教の知的方面に重きをおいているところの仏教では、自然法爾ということを弥陀の誓い、弥陀の本願の働きというあたりへもって行かずに、抽象的なものを一つ立てて、これを原理としている。その原理の働きを自然法爾と言う。つまり自分の立場をどこに置くかということによって、いろいろの見方があると思う。真宗の人は、よほど具体的になっている。弥陀の誓いというところへ、自然法爾をもって行く。そして義なきを義とす、ということを言う。他力は義なきを義とするのである。われわれ凡夫のはからいでは計ることのできないところのものが、仏法の不可思議である。その不可思議がすなわち義なきところの義と言うのである。言い得ないところを言い得る、言い得て言い得ないと言う、それでこの仏法の不思議ということがある。これを他力の立場と言う。

禅宗では、目を外にむけないで内へ内へと掘り下げる。自分の心の底で、何かにぶつかるというような塩梅に、すべてを立てて行く。一例を挙げてみると面白いことがある。昔中国の唐の時代に、漸源、道吾という二人の坊さんがあった。漸源というのは道吾の弟子である。この二人の話が、仏法の不可思議を語るのである。義なきを義とするところの消息をもらしている。真宗の現わし方は本願に当てて言うのであるから、ちょっと見ると違うようであるけれども、私は結局同じことであると思う。その心理的状態は変わらぬと思う。この状態がつまるところまでつまって行くと、義なき処に義を見るのである。漸源という人が、自分の師匠のお供をして、一緒に檀家《だんか》に行って、お葬《とむら》いのお経を上げた。そのときに弟子の漸源が仏前の棺桶《かんおけ》を叩《たた》いて——棺桶の中には死んだ人がいるのに相違ないのであるが、その棺桶を叩いて、「生か死か」と尋ねた。そうすると、道吾和尚は「死とも道《い》わじ、生とも道《い》わじ」と言った。生きているとは道《い》わないが、死んでいるとも道《い》わない。

生死ということは道《い》えない。生というようなこと、死というようなこと、そういう関係的のことは、ここでは言うことができない。そうすると漸源がそれでは何か一つの秘密でもあって、言うことを言わずに隠しているというような心持がしたので「なぜ道《い》ってくれないのか、道わなければ和尚を打つがどうだ」という訳である。そうすると道吾和尚が答えて言うには「道《い》わない、道《い》わない、打つことはお前の勝手であるが、道うことは道えない」と言うので、ついに漸源は道吾和尚を打ったという話がある。この「道わない」ということは「道えない」のである。道えば本当のところが隠れる。隠しておいて道わないというのではなくて、道えないから道わぬのだ。言えば何かそこに尻尾《しっぽ》が出るというようなことで、つまり言えば哲学になってしまうというようなことである。知っているのであるが、道わないのだと言えば、道吾も馬脚をあらわしたことになる。維摩経《ゆいまきょう》では、維摩居士《こじ》が文殊菩薩《もんじゅぼさつ》の、いかなるかこれ不二《ふに》法門と言ったときに、黙然として答えなかったと書いてある。あるいはこれは形の上から言ったものだと見るものもあるかも知れないが、とにかく、曲折のある言葉の上に現わすにしても、一種の態度で示すにしても、それがこうだとか、こうでないとかいう判断の跡をつけると、死生の問題になる。これが人間生存の上の大矛盾のあるところで、黙っているということもできなければ、といって、物言えば唇寒し秋の風で、どうもそこに冷たい秋の風がはいって来るかも知れない。真宗の人の義なきを義とする、仏法の不可思議ということで片づけるということになるのである。このわからぬということ、知らぬということ、義のないということ、これが宗教の眼目である。

これが達摩《だるま》大師のいわゆる廓然無聖《かくねんむしょう》。梁《りょう》の武帝が達摩大師に出会ったときに聖帝第一主義――真理と言ってもいいが――とは何かと言うと、廓然無聖と答えたということになっている。これも歴史的にそういうことがあったか、なかったかは、知らぬが、そういうことになっている。われわれは相対の世界に立脚してそして話をしなくてはならないのに、廓然無聖といえば、相対はなくなる。それで、達摩は不識といった。越後《えちご》の上杉謙信は不識庵と名乗っておったが、そのころの武人はよほど禅をやったものらしい。このように達摩の不識ということ、道吾の生とも道《い》わじ、死とも道《い》わじ、あるいはまた義なきを義とする、はからいのないところというような、そのものに押しつめて見るというと、そこに宗教で知不到処の一つの境涯がある。このように見てよいかと思う。知恵の及ばない、自分の力で計ることができないところのものが、そこに何かある。何かあるけれどもその計らい得ざるところのものが、まったくそのものと離れたものでなくして、自分の中にある。中にあるけれども、はっきりとそれが言えないで、自分を超越している。自分と離れておって、そして離れていないものである。自分であって、そして自分でないものである。こう言ってもいいと思う。わからぬからわからぬと言うのではない、知不到のところまで行って、わかるべきところを――知的でわかるべきところを尽くして、そしてもう足一歩も外に出せないというところに、一つの展開がある。そしてそこにわからぬといったものがわかるのである。自分と離れているというものは、離れていなかったということになる。こういうようなところを不識というか、あるいは不道というか、禅宗の人はそういうことを言うのである。

この意味で言うと、宗教というものはいい加減なものだということになるかも知れないが、いい加減なものだと言うなら、そう言ってよい。そんなものならばしようがないと言うかも知れない。が、そのいい加減なところで、それでよいとなると、大いにありがたいのかも知れない。いい加減だからいけないというなら、いい加減でよいところまでやるより外ない。それはまた別の問題になるが、禅宗の人は日午打三更《ニスヲ》ということを言う。日午は昼の日中で三更は夜の夜中である。打と言うのは普通に言う打つの意味ではない。これは昼の日中に大鼾《いびき》をかいて寝ているということである。で、その意味はいかんというに、われわれは何かというと、寝ているのか、起きているのか、夢か、幻かなどと説きまわる。要は寝ているときで、幻は覚めているときであるが、覚めているのか、寝ているのか、生きているのか、死んでいるのか、極楽に行くのか、地獄に行くのか、それをことごとく一まとめにして、そしてわかるというか、わからぬというか、やっぱりどうも決着のつかぬことになってしまうのである。言葉の上では、中国でできた禅宗だけあって、なかなか巧妙な言い回しがある。しかしそれはどうでもよいが、宗教では——禅宗ならば禅宗的、キリスト教ならばキリスト教的に、何か一つの生命をもったものを摑《つか》まねばならぬ。それがないと、宗教というものは本質的に成り立ち得ないと見てよい。この生命から言葉は自然に出て来る。これを達摩大師が慧可《えか》に伝えた。達摩がインドから中国に来て慧可に法を伝えたということになっているが、その達摩が、慧可の悟りはどのくらいできているかということを試験してみたときに、慧可が最後の言葉に、了々としてわかっているけれども、これを言葉で出そうとするとわからぬようになる、というような意味を答えている。この了々というところが肝心のところである。これを妙と言う。わかっておって、そしてわからぬ、わかっておって、そこに一つわからぬ言い得ないところがある。日午に三更を打するということも、知的の意味では決してない、そういう心がわかっておって、わからぬ、そこにちゃんと達しているとわかっているのであるが、それを外に表わすことができないという、一つの神秘的体験を象徴的に表わして、それを日午に三更を打するということになっている。象徴的と言えばまた語弊があるが、まあそう言っておく。

それは、今知的にいろいろと批判を下してみたのであるが、これは言葉で真ではない。冷暖自知ということがあるが、この境涯を味わわせるために、いろいろのことをやる。それからいわゆる真宗においての義なきを義とするというようなことが出て来るのである。その境涯をある人は陶酔だと言う。禅宗では陶酔の気を味わうのだと言うが、しかし陶酔ということが、果たして悪いかということも問題だと思う。一杯飲んで陶然と酔う、それが酔いがさめるからおかしいのであるが、醒《さ》めずにいると、いつも陶酔で、それもいい訳ではないか。これがいわゆる宗教の受動性というところである。何かを自分の心に受け入れて味わう、これを自分の心の働きで、自分でやるということになれば、自動的、能動的である。しかしながら、これは自分で心に働くのではなくして、自分の心よりも大なる働きが自分の心の中に受け入れられて、働くのだと見れば、ここに受動性が成り立つ。知的に言えば、禅宗の不識であるとか、道吾の不道であるとか、了々としてわかっているけれども、言い現わし得ないというのであるが、キリスト教などの人に言わせると、これを受け身に見て、自分の考えなれば現わし得る、が、自分の力より以上のもの、自分の心にその大きなものが乗り移って、自分というものはなしに、ただ自分はその場所を提供したというようなことになって、その大きな力のみが働くと、その働きは、自分としては何とも言えない、ただ受けて働くだけである。そこで受動という言葉を使うのである。この受動というような言葉から、大本教にしても、天理教にしても、ああいう宗教は、――天理教にはお筆先ということがある――先覚者が受動的に一つも自分が意識しないで、字を書くことはいくらでもある。自身が詩を作る場合に自分が詠じようと思うことが、驚くくらい早く詩になってしまうことがある。よく寝ておっても詩ができたということがある。そういうように自分が意識しないで働きの出ることがある。これをそこに宗教的の意義を認めるということになると、自分よりも大なる力が自分に乗り移って働くとすれば、自分はそのもののために使われる一つの機械を提供し、すなわち道具を提供し、この腕を提供して字を書かせたということになる。そうすると、そのお筆先は自分のはからいでは知られないところの大きなものが宿っているということにも見られる。天理教などにも、なかなかそういう沢山の文書が残っているということを聞いているが、宗教にはそれが皆ある。どの宗教にもそれがある。それで人が言おうとしても言えない、自分と同じ列におって働くものなら、自分の言うことを他の者が聞いてわかるかも知れないけれども、自分より以上のものが、自分の心に乗り移ったとすると、それを以前の自分と同じ列のものに伝えようとしても、その人には、まだそれが乗り移らぬから、さっぱりわからぬということになる。白隠《はくいん》和尚の歌にこういうのがある。信州の山奥の寺に、夜、坐禅《ざぜん》をしておった。そして雪が降って、雪が竹に当たって、バサバサと音がする。それを聞いていると、そこに何か知らぬ新たなる境涯が開拓された。そのときに作った歌というのが残っている。

聞かせばや篠田《しのだ》の森の古寺の
小夜更《さよふ》け方の雪のひびきを

というのであるが、これだけの歌を聞いても、そのときの白隠和尚と同じ気分でなければ、その歌の味はわからぬ。ただ雪の音を聞いてもその心持にはなれぬ。白隠和尚の境涯から言うと、それは言おうとしても言うことはできない。注釈もできない、説明も与えられないものが感得せられた。これを雪の響きと言うのだ。それより外に表現の途《みち》がない。それを禅宗の受動性と言えば言うことができるかも知れない。が、真宗の方では、すべてそれを人格的にして他力にしてしまう。すべて阿弥陀《あみだ》さまに任して、そして自分には、こうだということはないような塩梅《あんばい》にしてしまって、それでただ南無《なむ》阿弥陀仏と唱える。それでいいようになっているのである。これは私が禅宗の立場から、南無阿弥陀仏を解釈するのであるから、真宗の方ではまたこの解釈と違うかも知れない。二つに見ないで、一つの宗教的体験というものから見るというと、昔の人が何と言っても、またどういうことがあろうとも、そういうことにかかわらず、自分の一つの体験として、そこに自分だけの融通をつけ得ると思う。批評は諸君に一任したい。

　これを道元禅師の言葉でいうと、この世界の様子を見ると雲の通り過ぎるようなものである。迷いということもあれば、悟りということもある。山もあれば河もある。寝ていることもあれば起きているということもある。そういう塩梅に、いろいろのことがある。人生というか、宇宙というか、自然の世界においても、人間の生活においても、いろいろであるが、ただそこに一つ自分の心の中に留めて忘れられないことがある。それはいわゆる深草の閑居の夜の庵《いおり》で聞いた、雨のふる声であると、道元は歌っている。これは白隠和尚の雪の響きを聞いたのと、心理的には共通のところがある。それがここに現われているものと見てよい。われわれ凡人には、雪の響きを聞いても、雨の声を聞いても、そういう感じもしなければ、どこに忘れられないことがあるのか、想像もできないが、その境涯にはいった人、いわゆる自分の列よりもさらに以上の方向に一たび飛び出たことの経験のあるものならば、その心持を味わうことができるのである。これがないと宗教の神秘ということは成り立たぬ。神秘ということは、隠しているということでなく、また言わずに黙っているということでなくして、了々として雪の響き、雨の声を聞くことができるのであるが、しかもそれを現わすことができない、現わそうとすれば、不識と言うか、不道と言うか、言えぬと言うか、どちらか、外に表現の途がなくなる。私はそういう風に解釈している。この分子が宗教にないというと、宗教はいわゆる山葵《わさび》の気の抜けたようなものになる。さらばといって、山葵が辛いからといって、辛いばかりでいいかというと、そうでもない。

また味噌《みそ》の味噌くさきは真の味噌でないというようなことがあるが、そういう塩梅で、そういうことが目につくようなことでは、また妙味がなくなる。現われているものをわざわざ隠して見せないようにすると、やっぱり見える、隠していると見える。そうでなくして、まったくわからぬ、まったく自分に意識しない、そんなら意識していないから、凡夫のごとくなるのかというと、そうでなくして、やはり了々として常に知っているのである。しかも、そこに他に伝えられぬところがある。

宗教問題などでも、畢竟《ひっきょう》するところは、こどものような無邪気なところに帰すると言ってよい。そこに一展開があるのである。論語に、思い邪《よこしま》なしということがあるが、こどもというものは、わがままで残酷なことを平気でやる。けれどもこどもというものは、そのわがままをそのまま投げ出している。すなわち邪なしである。何となく無心のところがある。その残酷なところは隠しているというのではない。そこに言うに言われないというようなことになるが、仕方がないから、雪の響き、夜雨の声ということにしてしまう。何でも南無阿弥陀仏にしてしまう。どちらかになってしまうということに、結局は帰するのである。こんなものが宗教にないというと、どうもいけないように私は考えているのである。

この受動性ということを、詳しくいうと、これだけでも一つの題目になるのであるが、今回はこれに留めて次の機会に申し上げたいと思う。

そこで個人的色彩ということの話になるのであるが、これは、百人は百色、十人は十色で、皆違っている。われわれは同じような顔をしているようであるけれども、また実際異なっているが、人間としては、皆同じことであるけれども、隣の人と自分とは少し違う。これを科学的に細かく分析し研究してみると、細胞とか、いろいろ微細の点に違ったところがあるに相違ない。血液にしても、ある人には赤いところが多くて、ある人には少ないかも知れない。お互いに同じ顔をしているけれども、どうしても、そこに同じものは二つないという。個人というものの絶対性が構成せられなくてはならぬようになる。それで、そういうことは、哲学的になるかも知れないが、真宗でも、キリスト教でも、禅宗でも、おのおのその人の色彩によって、個人的特色によって違うところが出て来ると思う。それゆえに親鸞《しんらん》聖人を担ぎ出しても、法然《ほうねん》聖人を出しても、一休和尚を担ぎ出しても、夢窓国《むそうこく》師《し》を出しても、何人をもって来ても、同じ禅宗の人だからといっても、一つの型にはまっているようだが、おのおの違う。同じところがあるかも知れないが、それはあるに相違ないが、おのおの違ったところがある。そこに特色があるのである。それを個人的色彩と言ったのである。宗教の神秘的色彩、それから受動性というようなものも、それから出て来る神秘というような感情も、それぞれの宗教によって相違した現わし方をする。同じ家に生まれて、顔も似ている、声も似ている、骨相も似ている、心も似ているといっても、そこに何か細かい、また異なったものがあるに相違ないと思う。そういうようなことを個人的色彩と言うのである。しかしながら、もう一遍もとに帰って、個人的色彩は色彩であるけれども、宗教として、受動性というようなところ、それから知的、神秘の心持というようなところ、行動に現われて、個人的色彩があるにしても、そのほかに、ひっくるめて、そういうような宗教的体験をした人に、普遍的に現われて出るものがある。それをこの受動性ということでまとめる。それは自分よりも大きいものが、自分の占めておった平面に、はいって来たということになる。

　自分のおった場所が、自分よりも以上のものに占領せられた、しからば、こうなるとその結果は、どういう風に、その人の行動に現われて来るかというと、これは普通には謙遜《けんそん》という、仏教では忍辱《にんにく》という。六波羅蜜《ろくはらみつ》ということの中に忍辱ということがある。こんなものが第一の特色になって現われて来ると思う。金剛経にはこれがよく説いてあるが、まだお読みにならぬ方は一度お読みになるといいと思う。この忍辱というのは堪《こら》えるというのではない。それを甘受するということでも、少しいけないように思うが、一つの安心をもって、一つの希望、一つの信任をもって、そしてそれを受けて行く。迫害を受けて行く、それを忍辱と言う。仏教では忍辱ということは、非常に尊いことになっているのであるが、キリスト教の聖書には、右の頬《ほお》を打たれたら左の頬を出せということがあるが、自分より以上のものに自分の心身を傾倒した結果としては、すべてわれわれの情意の働きは、忍辱ということになって行くのである。それで金剛経などでも、その中に忍辱ということを説いてある。も一つ軽賤《けいせん》ということもある、自ら軽んじ賤《いや》しめるの義である。これがやはり忍辱というものになるのである。金剛経に軽賤ということを説いているのが、よほどありがたい。これは自分の低い方面を、それよりも大きなものの上に移してみるのである。これは一方では低いところを自分で自覚するという意味になる。そうすれば人から軽賤せられるということがなくなってしまう。軽賤とは、自分を高いものと見るからの話である。これが忍辱でもある。忍辱しているんだとも何とも自覚せられないで、自然にその働きが出て来る。これも神秘である。神秘の体験から出て来るところの一つの働きであると思う。その働きというものが金剛経では、はっきりと筋道が立って来るような気がする。そうなるともの事に対して、ありがたい、もったいないという念が起きて来る。いわゆる忍辱というとだいぶ消極的であるけれども、ありがたいということになって来ると、これが積極的になって来る。自分がその中に自分より以上のものを感ずると、自分というものがなくなる。そのなくなったところから自分というものがあるということになる。そこにありがたい気分がわくのである。その自分がありがたいという心持になると、そのときはかえって自分がなくなる時である。ありがたいということは、自分のある間は出て来ない。自分がない――自分がないということは、消極的の、ない、ということではなくて、自分よりも以上のものが自分に来たということの意味である、その自分よりも以上のものが自分に来たというときに、自分というものは感ぜられない、そのときにかえって自分がありがたいということが本当に感ぜられるのである。これが神秘ではあるまいか。

他力ということは、自分を他に任しておっても、やはり自分というものがある。それでなければありがたいということは出て来ない。それで、宗教としては、いずれも、かくのごとく、言うに言われぬというところがあるので、宗教の存在理由が立つのである。これを知的に言えば、不識ということである。これを受動性から言うと他力と言ってもよい。

そして、それを自分の感じの上から言うと、ありがたいということになる。キリスト教の右の頰を打たれたら、左の頰を出せということも、そういうことをすると、世界は治まらぬ、泥棒とか、強盗という連中が跳梁《ちょうりょう》してしようがないことになり、世界じゅうを監獄にしても納まらぬことになる。けれどもこのキリストの言葉の中には、本当の宗教味があると私は思う。どうも世間に正しいということが行なわれないで困ることは困るが、困るのでかえって気のつくこともある。本当に禅宗の修行を仕上げた人というものがいると、そういう人のいる世界は因果で固められているにかかわらず、一種の荘厳さと清新さとを覚えることと思う。社会に何か一種の清新の気味が出て来るに相違ない。裁判所も完備しており、法律も整頓しておって、一分の隙もない、そして自分はそれに随《したが》って整然とやって行く、自分のなすべきことはなし、主張することは主張する、一個、半個の間違ったこともしない、そういう人ばかりで形作っている甲という国があると仮定する、するとここに乙という国があって、中にはずいぶん乱暴な人もいて、人の物を掠奪《りゃくだつ》することもある。そして盗まれるとまたその上に、上げましょうと言うことのできる人があるとすると、この二つの社会のいずれをわれわれが好くかというに、どうも少し不規則ではあっても、そういう妙な人がいるような乙の国に行きたい気がする。そういう人がいるところが実際に価値が高いというのではない。が、何も彼もメートルで計ったようになると、何だか自由がきかぬような、ゆとりのないような気がする。いつも整然としているということは結構であるけれども、そういうことでなく、今言った妙な変則的の人が出て来るというと、その人がわれわれの行くべき道を一歩前に進んで示してくれているような気がする。俺の方について来るんだぞ、ということを言わないでも、何か目標が出ていて、それを見ただけで、われわれの日常の生活が何だかゆとりがあるような気がする。ここに個人を超越したところの社会意識というようなものの中に、そういう人もやっぱりはいって、全体の上に清新の気分が出て来るということは、何だか面白いように思うのである。そういうように、まず宗教というものが要らぬものであるとか、くだらぬものであるとか、いい加減なものであるとか、なんにもならぬものであると言うけれども、何もしないということが言えるだけでも、そこに、私は何かしら、得ることに気づいているのではないかと思う。そういう点から、私はこの仏教というものが、インドから中国に伝わって、そしてさらに日本に伝わって来て、今日に至ったということだけでも、ありがたいものであると感じているのである。

第四講　楞伽経大意（主として本経と禅宗との史的および内容的関係）

達摩慧可に本経を伝う——慧可以後本経の研究——第六祖慧能と金剛経——本経研究の必要——自覚聖知——阿頼耶識と如来蔵——本経と起信論と禅宗

一般に申し上げると、あまりご存じのない方が多かろうと思う。禅宗には所依《しょえ》の経典はないというのであるから、お経のことをご承知ないのが当然でもあろうが、ことにこの楞《りょう》伽経《がきょう》というものを禅宗の人でも知らぬ者が多いと思う。ところが、経典として禅宗と最も関係の深いのは、楞伽経である。普通には、禅宗では心経《しんぎょう》を誦《よ》む。これはご承知であろうと思う。般若《はんにゃ》心経という短い経典で、禅宗では何かというと、これを誦むからご存じであろう。三百字か四百字しかない短いものである。も一つは金剛経である。これもよく読むから、ご存じの方は多かろうと想う。これには川老という人の注がある。それによって提唱などもする。しかしながらこれは禅宗の注であって、普通の注釈とは違う。がとにかく注があって、それをときどき提唱することがあるから、禅宗と言えば金剛経、金剛経と言えば川老注ということになっている。これはいずれもご存じであろうと思う。あるいはまたこの他に円覚経とか、楞厳経《りょうごんきょう》というものを読むことがある。これもご存じの方があると思う。大体これで禅宗に関係したお経は尽きている。楞伽経といっても、その名は聞いても、それを誦む人はほとんど、今日のところ、私は誰もなかろうと思う。あるかも知れないが、あってもよほどそれは少ないものである。が、禅宗の歴史の関係からいうと、この楞伽経ほど関係の多い経典はないのである。もし本所に所依の経典を立てるというならば、楞伽経でなくてはならぬ。また、そうあるべきであるが、それが不思議にも閑却されている。その閑却せられているということも、種々の原因はあるであろうが、これはまた禅宗のことをあまりご存じない方のために、楞伽経というものが、どのくらいに禅宗と関係のあるものであるかということも、ここに一つ申し上げておくのが順序であると思う。しかし、この経典は非常に難解なので、詳しく言うとなかなか面倒なこともあるから、大体のところで話を止めて、あまり専門的にはわたらぬようにして申し上げたいと思う。

まず楞伽《りょうが》という字の意味から言うと、これは「ランカー」という字の訳だそうである。インドの発音であるが、それを中国の言葉に訳して「楞伽」、それを日本流に楞伽《リョウガ》と呼んでいる。本当の発音は「ランカー」である。この「ランカー」ということを詮索《せんさく》すると、いろいろむつかしい議論が出て来る。「ランカー」とは、ところの名である。そこで説かれたお経であるから、楞伽経と言うのである。また法華経《ほけきょう》のごとき、蓮《はす》の花に譬《たと》えて説いたお経もある。これにならってまた金剛経というのは金剛のように堅い――これも問題になるのであるが、金剛ということは煩悩が金剛のように堅いものであって、それをきるところの般若の知恵と、こういう風に言うべきが本当の意味であると学者は言う。それが普通には般若の知が金剛のように堅いものであって、それで煩悩をきるというように解しているが、本当はそうでないのである。いずれにしてもとにかく金剛経というのは、お経の意味からつけられた名である。ところが楞伽経というのは、楞伽という所で説かれたものである。それで所の名をとって楞伽経と言うのである。それでこの楞伽という地名についても、いろいろ問題があって、それはいったいどこにあるか。近来は歴史的研究が盛んになってきて「ランカー」というのは、どこかということを、しきりにインドの学者も研究している。これはインドの内地であると言う人もあるし、また、そうでなくして海の中の山であると言う人もある。そんなことはどうでもいいが、だいたいのところは、一般的には、楞伽というのは、今のセイロンであるということになっている。しかしながらこれも歴史上の深い根拠のある議論でなくして、ただそういう伝説であるので、あるいは本当でないかも知れない。また本当であるかも知れない。が今そういう詮索をするのではない。とにかく、普通には、今のセイロン島で説かれたお経であるということになっている。それでいいのである。そしてこの楞伽経というものが、中国に広まったのは今から千五百年ほど以前で、中国で翻訳せられたのである。そして四巻になっている。原文は一巻になっているが、四巻にしたのは、別に根拠があるのではなく、あまり長いと、巻くのに都合が悪いからいい加減に四巻に分けたものであろう。天竺《てんじく》の三蔵求那跋陀羅《ぐなばっだら》が訳したとなっている。その次にできたのが百年ほど経ってから十巻のものができた。その次にできたのは、またそれから二百年ほど経って七巻のものができた。この三訳が残っているが、もっとも多く用いられているのは、最初の四巻訳である。七巻訳が年代からいうといちばん新しいことになる。ところが、四巻と七巻と十巻と、一つの経がなぜそんなにふえたか。同じ一巻といっても、四巻の分の一巻分と、十巻の分の一巻と、厚さにおいては、そんなに変わらない。そうすると四巻本に比して、十巻本、七巻本というものは、非常に内容がふえたことになる。これはいろいろ経典を専門に研究する方面から見ると、よほど面白いことであるが、本講には別に関係のないことであるから割愛する。初め四巻のものが十巻になり、さらに七巻になったということは、初めの四巻より十巻の方が内容は豊富になっているが、少しダラダラしたところがあるので、それで長くなった。七巻の方はそのダラダラした部分を削って引き締めたということになる。そしてこの三訳で、もっとも禅宗として関係のあるのは、千五百年ほど以前にできた、いちばん最初の四巻本である。これがどういう方面において禅宗と関係があるかというと、初祖達摩《だるま》のことから話して行かねばならぬ。

　普通に達摩と言っているが、本当の名は菩提《ぼだい》達摩と言うのである。それが菩提達摩と言うとわからぬくらいに、達摩が普通の呼び名になってしまった。達摩の摩の字は磨と書いてある場合もあるが、それはいずれにしてもさしつかえない。この菩提達摩がいちばん初めに訳せられた四巻の楞伽を、自分の弟子に伝えた。達摩は求那跋陀羅より少し後に中国に来られたのであるから、そのときに楞伽があったとすれば、四巻の楞伽のほかはない訳である。ところでどういう具合に伝わったかというと、弟子の慧可《えか》というのは二祖となった人で、これは達摩が中国に禅を伝えた第一番の弟子の一人であった。まだこのほかにもあるけれども、慧可が第二祖となっている。この人は有名な慧可の断臂《だんぴ》と言って、臂《ひじ》を切ったという話はよくご承知であろうと思う。が、ことに美術になって、そういう絵を見ることがあるが、これも歴史的に詮索するというと、慧可がそういう芝居がかって、臂を切るということも問題になったのである。しかし中国の少林寺に達摩が籠《こも》っておられたときに、雪が降った。そのとき慧可が達摩を訪ねて、どうぞして新しくインドから伝えられた禅法を受けたいと言ったが、達摩和尚はそれを顧みないで、坐禅《ざぜん》をしておった。そして雪の中に慧可が立っていたが、それが積もって膝《ひざ》のところまでになったという話がある。それでも達摩は顧みることはせられなかったから、慧可は自分のもっているところの剣を抜いて――そのときは俗人でありかつ武人であった――自分の左の腕を切ってしまった。そしてその腕を達摩の前に捧《ささ》げて、わが法を求めるのはいい加減な心で求めるのではなくして、自分の身命を捨てて、法に殉《じゅん》じたいと言うのである。それを表するために、この腕を捧げると言うのである。それで達摩もようやく心が動いて、それから諄々《じゅんじゅん》として教えられたという伝説がある。これは歴史上の事実として本当であったかどうかは知らぬが、これを単に歴史だけの上から見てはいけない。宗教というものの上から見ると、雪の中に立っているということ、腕を切ったということ、そしてそのときに初めて達摩が、慧可というものが、そこに立っていることを認めたということなどは、歴史上の事実としてはどうか知らぬが、宗教上の心でもって見ると、また事実を超越した面白味があると思う。史実としては慧可に腕が一本なかったことは本当であるらしいが、なぜなくなっているかはわからぬ。宗教的に見るのと歴史的に見るのと、その見方によって違う。けれども、いずれにしても慧可は腕一本なくして、達摩から法を伝えられたことは事実であるらしい。そのときに腕を切ったという訳ではなかろうが。達摩が慧可に楞伽を授けるときに、今中国のお経を見るに、禅宗のことを書いたものは、ただこの楞伽四巻だけである。これを汝に渡す、この楞伽によって禅宗の修行の目標をきめて行けば、世間を度して行くことができると言って、渡したのが、この四巻の楞伽経である。そういう風に、楞伽経を達摩から、中国における禅宗の第一祖から、第二祖の慧可に伝えたものである。そのときには金剛経があったかなかったかということは問題でない。できていなかったかも知れない。心経はもっと後のものである。円覚経も楞厳経もあとのものである。達摩がことに楞伽を選んだということは、達摩の時代には、楞伽ほどに禅宗の主義に叶《かな》ったものは、それ以外の経典になかったと見ていいのである。

そして慧可に伝えられた楞伽経は、ずっとその後続行して、ちょうど七巻本が出る少し前くらいまでは、この四巻本の楞伽の研究はせられておったのである、ところが、これについて面白い事実がある。第一にこの慧可という人は楞伽経の注を書いていない。そのころの中国は経典に対してはいろいろの注釈を書いたものである。ところが慧可は達摩から伝えられても、その楞伽の注を書かない。これが面白いことであると思う。慧可の後にも、この研究は続いて、注を書いたものもだいぶ出てくる。それから二百年の間は、歴史に残っているところでも、楞伽経四巻の注釈本は続々として出てくる。十冊くらいはある。その最後のものとして残っているのが、唐の法沖《はっちゅう》という人の「私記」である。この人は楞伽の注釈は書かない。注釈すべきものでない。注釈すると楞伽というものは変なものになるというので、書かなかったのを、弟子たちが無理に書かせたということである。が、それはいずれにしても、書いた人もあり、書かなかった人もあるが、書いた人のものが十種ほどある。それでやはり盛んに研究せられておったということがわかる。この楞伽経が第六祖慧能《えのう》の時代になると、金剛経に変わっている。禅宗は達摩から慧可に伝わり、第三祖の僧璨《そうさん》、第四祖道信、第五祖弘忍《ぐにん》、そして第六祖の慧能に伝わって、ここにおいて、初めて中国禅の根本が確立したということになる。この第五祖の弘忍の時代から金剛経が中国に行なわれ出した。すなわち達摩以後二百年経って弘忍という人のころに、金剛経というものが中国にはやり出したのである。それは金剛経の流行し出したのを、第五祖が利用したという方がよくはないかと思う。それはどうかというと、今中央アジアから掘り出されたところの経典がなかなか沢山ある。その中でも、金剛経の写しが沢山出ている。中国の唐時代の経文が沢山出て来る、その中でも金剛経が多い。それを見ても本経がいかに中国人によく読まれたかということがわかる。これは禅宗の第五祖がはやり出したのでは必ずしもなかろうと思う。それは五祖弘忍が利用したのではなかろうかと思う。第五祖がはやり出させたと見てもいいのである。それで第六祖が金剛経をもって楞伽経に替えたと見てもいい。それには理由がある。四巻の楞伽というものは、なかなか読めないお経である。今日私どもが見ても読めないのみならず、中国の相当の学者が読めなかった。宋の時代の蘇東坡《そとうば》が書いた赤壁《せきへき》の賦《ふ》というのはご存じであろうが、その蘇東坡の書いた序文がこの四巻楞伽《りょうが》についているが、その序文に言ってあるところでは、楞伽はどうしてむつかしい。とうてい読めない。それで五祖から六祖の時代に代えるに金剛経をもってしたというのである。金剛経に代えたというのは、楞伽がむつかしいのでわからぬ——わからぬということは、その意味にもいろいろあるが、言葉がむつかしいのか、意味がむつかしいのか、われわれが漢文を読むと、故事が沢山あってわからぬということもあるが、楞伽経はもちろんそういうこともあるが、本元の中国人でさえも、むつかしいというのは、その本の梵語《ぼんご》の句法をそのままに用いて漢訳してあるからである、梵語の読み方をそのままに、中国文にしたのであるから、本場の中国でも読めない。それは読めないはずである。日本でも当今は翻訳が盛んに行なわれているが、訳書は読みにくい。ということは、要するに語法が違ったものをそのままに訳してあるからである。そういうわけで、この四巻の楞伽経も、インドの文法がそのままにはいっているので、中国でもわからぬ。それにまた言葉や、意味がむつかしいという二重のむつかしさがある。わからぬからむつかしいというのかも知らぬが……どうも文法が間違っている上に、文句もむつかしいので、そのわからぬむつかしい楞伽経に代えるに、金剛経にしたものだろうと思われる。その金剛経は楞伽に比較すると読みやすい。そして楞伽よりも文章が短い。四巻楞伽の四分の一くらいかと思う。そういう点から金剛経が中国に行なわれた。また文章というものは、よほど大事なもので、これがよくないと、なかなか弘通《ぐづう》しないものである。文章がいいということも、宗教の宣伝の上においては利《き》き目がある。そういう訳で、第五祖弘忍から六祖慧能の時代に、金剛経が大体広まったものであると言うことになる。

第六祖慧能はさらに金剛経を出版している。自分で序文を書いて、そして金剛経を広めている。その序文は現存している。それで金剛経が楞伽経を追いのけたという形になるけれども、楞伽経もまた、まったくなくなった訳では決してない。ことに楞伽経の中に有名な文句がある。これは禅宗においては今でも言うのであるが、四十九年一字不説と言う。四十九年は五十年でもさしつかえない訳であるが、どうも五十年と言うよりは、四十九年と言った方が面白い。五十年一字不説と言うよりは四十九年一字不説とした方が面白味がある。その楞伽の言葉がそのまま今日まで伝わっている。それからこの六祖の次に南嶽懐《なんがくえ》譲《じょう》というのがあって、その弟子に馬《ば》祖《そ》道一《どういつ》というのがある。彼らによって中国に本当の禅宗というものが広められたものと私は思う。あるいは懐譲が大成したと言ってもいいと思う。こういうものは一人で大成するものでなく、一人、二人、三人と代わって大成するものとすれば、慧能に始まり馬祖道一に至って大成したと言ってもいい。この人の説教の中にやはり楞伽を説いている。楞伽は禅宗研究の上に大事なものであると言っている。すなわち金剛経に代えたという六祖の弟子の、そのまた弟子の馬祖道一が、楞伽経を説いて、そして楞伽というものを捨てていないということはこれでわかる。それで五祖の弘忍もこれを捨てたというのではなく、楞伽経の変相を自分の禅堂の壁に描き出さんとしておったということである。してみると、五祖弘忍も決して楞伽を捨て去ったものでなく、やはり楞伽を使っておったに相違ない。けれども楞伽はむつかしいので、どうしても一般的にはわからぬ。それで金剛経が一般の宣伝用に使われたのであろうと思う。

また禅宗では、四句を離れ百非を絶すということをよく言う。四句というのはまた説明すると面倒になるので止めにしておくが、すべて世の中のことは四句にまとまるというのである。その四句を離れて百非を絶する、百非というのは、ただ数の百の非ではなくして、百八の非句の義である。楞伽には百八の非ということを言っている。この数がインド人は好きだったらしい。百八の非を絶すると言うのでは、どうも文句として具合が悪いから、百の非としたのであるが、これも楞伽に根拠がある。そういう例を楞伽から抽出するとまだある。禅宗の人は何かというと、揚眉瞬目《ようびしゅんもく》というようなことを言う。これもやはり楞伽から出ている。われわれは言葉によってわれわれの心を伝えるということになっているが、楞伽経によると、心を伝えるということは、必ずしも言葉でなくてもいい、揚眉瞬目でも沢山であると書いてある。ある場合だと、匂いだけでも沢山である。香積国《こうしゃくこく》では匂いをかいでも腹が大きくなるという訳である。何も言葉を使わなくても挙動だけで沢山である。ある場合には、維摩《ゆいま》の一黙ということもあるから、肩を動かす、目を動かす、それだけで、心を伝えるのは沢山である。そんな意味のことが楞伽経に書いてある。それが禅宗に今日まで伝わっている。このことは楞伽経がどのくらい禅宗に読まれたかということの証拠になり得ると思う。この禅宗というものは、他の方面から見ると、第六祖が慧能《えのう》と神秀《じんしゅう》という人によって両派に分かれた。それは一方は北に、一方は南に発達した。北方を中心にしたのが神秀と言う。慧能は南方である。これには多少の議論はあるけれども、歴史を見ると、第六祖派と神秀派とに分かれていることがわかる。慧能の系統を伝えている人は、慧能をもって第六祖と称しているが、北方の神秀の系統を伝えている人は、神秀を第六祖として、慧能という人を顧慮しない。とにかく、禅宗に二派あるということは事実である。神秀と慧能の二派が、南北に分かれて争っておったものらしい。が、これはやはり禅宗の修行の上にもついて回る二つの傾向であると思う。今日日本に伝わっている曹洞宗は、同じ禅宗でも神秀派――北禅の傾向をもっているしまた、臨済宗の方は南禅――慧能の系統を伝えている傾向がある。すなわち神秀派の方は楞伽経を伝えている。金剛経を読むというよりも楞伽経を尊んでいるように思われる。楞伽経は自然北方の禅に伝わっているという傾向である。そこで楞伽経を読むと、禅宗には頓《とん》と漸《ぜん》とある。この説明を楞伽経によると、禅宗は漸の宗教でもなければ頓でもない。両方ともどちらでも、その人によって行なうべき宗教であるという風に言ってある。けれども自然に人間の心理の傾向として楞伽経的傾向と金剛経的傾向というものができて来て、一方はやっぱり楞伽経を読む、一方は金剛経を読むという風に、自然にわれわれの心理傾向が二種になっているものではあるまいかと思う。

そこで話は横道にはいったが、北方の神秀一派によって楞伽経が研究せられておった。神秀一派は学問を盛んにする、むつかしい楞伽経を研究するのであるから、どうしても学問をしなければならぬことになるが、慧能はそれに反対した。学者を代表したものが神秀であれば、非学者を代表したものが慧能であったと見ていいのである。しかし学問を排斥した慧能は無学文盲であったとは考えられない。神秀ほどの学者でなかったかも知れないけれども、無学者ではない。博士でなかったとしても、いまでいえば大学卒業ぐらいはしていただろうと思う。普通の中学を出た人よりもわかっていたと思う。そうすると神秀ほどの博士ではなかったろうが、普通の常識はもっている。普通の仏教的知識はもっておったに相違ない。それで一方は学問を盛んにしてわかりにくいものもわからすようにする、また一方は学問を排斥して、学問よりも何よりも、わかりやすいのがいちばんだということになる。それで中国の歴史を見ると、いずれも片一方に偏して、論争しているが、中庸を得ることがなかなかむつかしい。それでこういう反対の意見もあるということを忘れないといいのであるが、自分だけがよいとして、他の説を排斥してしまうことが多い。この説が真理と思うけれども、他にこの異説があるという風に考えているといいけれども、それがなかなかできないことがある。それで楞伽は北方でよりよく研究せられておったと言ってもいい。しかしながら南方の頓のことをやかましく言う慧能の禅宗の方でも、楞伽はまったく捨てられたというのではない。やかましくは言わなかった。けれども研究はされていた。それから日本に来て川老注が講義せられ、提唱せられたということはあるが、楞伽経の提唱ということはまだないようである。維摩経《ゆいまきよう》の講義、楞厳経《りようごんきよう》の講義、あるいは円覚経が講ぜられたということはあるけれども、楞伽経を講じたことは、私の寡聞であろうが、まだ聞かない。それは今言ったようにむつかしくて、わからぬからであろう。けれども、歴史上の関係から見ても、もし禅宗所依《しょえ》の経典を講義しなければならぬものだとすれば、私はむしろ金剛経よりも、円覚経よりも、あるいは楞厳経よりも、また維摩経よりも、楞伽経を講義せられ、提唱せられるのが本当でないかと思う。それにはわかりやすい楞伽経の本ができなければならぬが、私は少し時間の余裕があれば、そういうものを編纂《へんさん》したいとの計画をもっております。

楞伽経というものが、なぜそんなに禅宗と関係があるものであるか、なぜ禅宗の初祖達《だる》摩《ま》がインドから中国に来て、まず楞伽経を、沢山の経典の中から抽出して、これをもって修行の目標とさせたかというに、これには自覚聖知ということがある。これが楞伽の根本になるのである。私はよく言うのであるが、楞伽経はある意味で言うと、雑記帳みたいなものである。すなわち大乗仏教の大事なところを、人に聞いたか、あるいは自分に気がついたかして、それを書きとめて置いたものが、楞伽経だろうと思う。初めから序を追った首尾一貫した経典ではない。三、四行ぐらいからすぐに話題が変わっているところさえある。で、その連絡がつかない断片的なものである。それは強いて連絡をつける必要はないので、その一章一節だけで解決をつけてもいいものだという風に考えている。セイロン島で、仏の説かれたものだと言ってもよかろう。そういう人もあるけれども、それはどちらでもいい。私が仏の説かれたことをこう聞いたという風にしてもいい。歴史的に見ても、宗教的に見ても、これはいずれにしてもさしつかえない。神秘的、宗教的に、如是我聞《にょぜがもん》という風に書いて、楞伽を読んでもいい。そういうところは諸氏のご勝手に任していいのである。ただここに四巻の楞伽経《りょうがきょう》を出して、これはどういうお経であるか、と言われたならば、それは前後一貫したところの教理を説いたものでなくして、教理の骨子と思われるような大事なところを中心にして、その個条を集大成したものであると言っていい。それがわれわれのこの書に対して感ずるところである。それで、筋道をつけて初めから序を追って書かれた経典であると言われると、ちょっと解釈がしにくいことになる。が、前のように考えていいものと、私は思うのである。それで自覚聖知ということになるが、これはどういうことか。禅宗はこの自覚聖知を修行の中心としているものである。自ら覚る、そして証明する、その知恵が自分にある、その境涯に自分がはいる、ということが自覚聖知である。それを楞伽は主張するのである。金剛経を読んでも、自覚聖知という言葉はない。阿耨多羅三藐三菩提《あのくたらさんみゃくさんぼだい》を証するということはある。あるいは菩提心を起こすということはあるけれども、自覚聖知という特殊の言葉は使ってない。楞伽経にも、阿耨多羅三藐三菩提を証するということはあるけれども、それのほかに自覚聖知という言葉がはなはだ多く出ている。そういう新しい言葉を出したというところに、何か一つの自覚があったものと見なければならぬ。今まで通りの阿耨多羅三藐三菩提でよかったものが、ことに自覚聖知という言葉を、使わなければならなかったということは、そこに新たなる自覚があったのである。それは阿耨多羅三藐三菩提という言葉で現わすよりも、自覚聖知という新しい言葉で表現した方が、よく利き目があるということになって、この言葉を使った訳である。それで証菩提心ということも、自覚聖知も同じことであるが、その一つのことを、従来の表現法によらずに、新たなる言葉を使うというところに、何か新たなる意識が動いている。今まで気のつかなかったところに、気がついたということになる。それはどういう意味かというと、そこに経験が豊富になって来ている。そしてわれわれの修行の根本は、だんだんと今まで気がつかなかったものに気がついて、そしてわれわれの経験が豊富になって行くということである。ここに数珠《じゅず》がある。この物についてはわれわれはすべて気がついて皆知り尽くしているように見えるけれども、必ずしもそうでない。このわれわれの次に出て来る人がそれを見ると、この数珠の中にわれわれでは気のつかなかったものを見出すかも知れない。そうするとそれだけ、その知恵というものが豊富になっているのである。林檎《りんご》は赤いものだ、円いものだ、そして皮があって、中には種子がある。その外いろいろの事が林檎について言われるが、普通林檎というものは、それでつきている。けれども画家がこれを見ると、またそこに何か新しい、画家から見たる、特別の発見というものが必ずある。また科学者として、植物学者として見るときには、おのおのその特別の立場からして、違った方面で、新しい発見をする。それをわれわれはわからぬから、単に一方から見て、それで全部がつきたように思っている。また、たとえばゴムというものは、近ごろはやたらに使われるようになったが、昔はあれはなかったのである。それが最近に発見されて、今日のように盛んに使用されるようになったが、それは新たに創造されたものではない。以前からあったのであるが、それがわからなかっただけである。しかしながら実用向きから言うと新たにできたということになる。それで発見したということは、つくり出したと同じ意味の言葉として使う。もとからあったのではあるけれども、その用途――働きの上から見ると、新たに創造されたということになるだろうと思う。そういうことになると、今まで発見せられたところのものが、新たにまた創造されて来ると、今まで尽きておったと思った知恵が、実は尽きておったのではない、そこにまだ新たなるものができる余地が存しておったということになる。それで菩提《ぼだい》ということは、知っておったけれども、その他に自覚聖知ということを言い出したとすると、そこに今まで考えておったものが、それでいっさいではなくして、他に新たなる何ものかがまだあるということになるのである。その新たな見方から仏教経験を整理すると、楞伽経というものができるのである。その経典――楞伽経を達摩《だるま》が、とり込んで、これを弟子に伝えたということになって来たものであると思う。天が下には新たなるものはない。創造すべき何ものもないという説もあるが、このごろでは、人間の生命を創造すると言って、いろいろ科学的に原子を集めて化学的生物としての人間を作るということを言っているが、しかしそれはどうなるかわからぬ。まず今日のところでは、すべて生命が生命を生んでいるのであって、古いものから、新しいものができて来たので、まったく新たなものから、生命を作り出すということはない。古いものから新たなるものができて来たとなると、本当の新しいものはないということになる。しかし今までなかったものができたとすると、すなわち、あっても、今まで気がつかずにいて、それが今気づいたとすれば、それは古いというものでなくて、やっぱり新しいものであると見るべきであろう。古いものの系統を引いているには引いているけれども、しかしながら、今まで思いもかけなかったものが、そこに出て来るということから見れば、古いものの系統を引いても、それはやはり新しいということに見るべきであろう。そういう点から見ると、何でも皆古いものであり、また新しいものである。中国の儒教の方面においても、また仏教においても、やはり皆、これ日に新たにして、日々に新たなりということになって、古いものはない。すべてのものが新たなりとなって、その時その時に創造されて行く。われわれは刻々に創造して行くのだ。神は天地を創ったというが、その天地が今まであるものとすれば、ずいぶん古いものである。が、その実はわれわれがおのおの神となって、この古い天地なるにもかかわらず、それを日々に創って行くのである。われわれが実際の天地の創造主となるのである。そうすれば一挙手、一投足というものが、ことごとく新たなる創造的意義をもつことになってしまう。こういう風に考えをつづけて行けると思う。それで自覚聖知というようなことに気がつくということも、そこに新たなる創造ができたということになる。それで何でも物は、時間と共に豊富になって行く。この自覚聖知ということが楞伽の生命であった。それがあったから達摩が見込んで、これが禅の骨子であるという風に言い出した。その点から言うと、私は金剛経と言うよりも楞伽経と言った方が、禅宗の趣意に叶《かな》って行きはしないかと思う。心経をもって来る、あるいは維摩経、あるいは円覚経、あるいは華厳経《けごんきよう》、あるいは法華経《ほけきよう》というようなものをもって来て、そして禅宗を立てるというよりも、やはり、達摩の着目せられた自覚聖知ということを土台にした楞伽経を、眼目にして、そして禅宗の代表として、誦《よ》んで行ったら、どうかと考えるのである。自覚聖知ということは、楞伽経《りょうがきょう》の中心思想である。もっともこれについては必ずしも異論のないことではない。異論はあることはある。それは楞伽経の中に阿《あ》頼《ら》耶《や》識《しき》ということが出てくる。これを説明すると面倒になるから省略するが、また如来蔵《にょらいぞう》とも言う。阿頼耶識を心理学上の言葉とすると、如来蔵は宗教的の心と名づけてよい。もう一度簡単に言うと、心の本体と言えばわかると思う。ある人の説には、楞伽経は如来蔵を説いたものである、阿頼耶識ということを説いたものである、自覚聖知はこれによって出て来ると考えている。そういうように言う人もないことはない。禅宗の立場から見れば、それは第二義であって、自覚聖知というところに、細心の目を注がなければならぬのである。心理学的に楞伽経を研究する人は、そこに阿頼耶識と言うこともあり、また如来蔵という宗教的の意識もある。これが哲学上の肝要な一つの思想であると言うならば、それはその人の言うに任せるが、禅宗、禅学的にという方面から、楞伽経を見て、そして達摩が見込んでこれを伝えたということは、如来蔵でなく、阿頼耶識でなく、自覚聖知ということを見て行ったのであると、私はこういう風に解して読んで行くのである。自覚聖知ということは、どんな意味か。それは自分で体験するということである。人から教えられないで、自分でやるということである。自分でこうだと、一つのことに気がつく、これが禅宗の根本である。それが楞伽経の自覚聖知ということを、本に立てているゆえんである。体験を重んじて、理屈は重んじない。自覚というところに、禅宗の落ち着くところがあるのであるから、それを哲学とか、心理学という風に言うならば、楞伽経はなくてもいい。他の経でさしつかえないのである。楞伽経でなければならない。ことに達摩が楞伽経を持ち出したというのは、この自覚聖知にあるということになるのである。

禅宗では、やはり、楞伽経などを読むと同時に、起信論《きしんろん》というものをご覧になる方がいいと思う。ことに起信論は薄い本である。四巻楞伽の五分の一くらいのものであるから。……そしてよほど徹底した書き方がしてある。これがよくわかったならば、それで仏教は納得せられていると言ってよろしい。たいていの人が、大乗仏教の大体を会得するには、この起信論で沢山だと思う。注釈の本も沢山できているから、それを参照して読めば、大概わかる。その中にやはり如来蔵ということがある。阿頼耶識ということもある。そこで起信論と楞伽経とは、相当の関係のあるものだ。あるいは同時にできたものでないか、あるいは相前後してできたものかも知れない。よほど密接な関係があるだろうと思う。が、どうしても起信論の方が後で楞伽経の方が前にできたらしい。それは楞伽経の方は、その一経の構造から見ても、よほど混雑しているが、起信論は整然としている、組織的にできている。今の哲学書を読むくらいにできている。楞伽の方はきわめて混沌《こんとん》としている、茫《ぼう》漠《ばく》としている。これは今日でもそうであって、昔の動物と今日の動物とは、よほど違っている。虎でも獅子《しし》でも、いかにも近代人を現わしたという塩梅《あんばい》に見える。象とか鰐《わに》になると、どうも近代ばなれがして混沌としたところがある。そのように、起信論は楞伽経に比して、よほど近代式にできているから、これは後からできたものと想像せられるのである。

禅宗では、これはずいぶん読まれたものであるが、起信論はよほど哲学に訴えるところがある。楞伽経は、そうでなくして、自覚聖知ということを鼓吹する点が余計に見える。七巻、十巻の楞伽経を見るとこういう話がある。仏が竜宮で説教しておったが、それを済まして海に出て来た。ところが向こうに楞伽山が見える。そこで仏は仰せられるには、昔の仏がなされた通りのことを、今度また自分がやる。すなわち自覚聖知の境涯を説く。昔はこうであったが、今もこうであると言って、微笑せられたということが載っている。これが日々新たなりということで、どこまでも、創造して行くが、一方から見ると、これは復古ということになっている。一面が創造で、他面が復古である。新しいと言えばことごとく新しい。が古いと言えば、恐らく古く、新しいものはなくなってしまう。そうすると、その楞伽島には、沢山の夜叉《やしゃ》や羅刹《らせつ》がいた。羅婆那《らばな》という大将がおったが、いつでも人を食う習慣があった。これが本当に仏に帰依して、今、仏は竜宮から出て来たから、今度は私の方に招待して、説教を聴聞する。そしてそれを聴くということは私が初めて聞くのではなくして、私が前世の仏に聞いたごとく、また私も今生において、今の仏の自覚聖知の真理を聞くのであると。そして仏が来られて、これから説教を始めるというときに、一人の仏と思ったものが、忽然《こつぜん》としてその仏が満目青山のごとくに、前後左右、目の及ぶ所にことごとく見える。のみならず、自分がまたその仏の前に、至るところに見える。自分のいるところの楞伽山もその通りである。宮殿もまた至るところに見える。これは不思議だと思うと、忽然として消えてしまって、またもとのごとくになったということがある。ところがこれは不思議でも何でもなく、自分の心の働きである。自分の心の中からすべてのものが作られるのである。ただ心の働きだけである。すべてのものは唯心の所造である。あるいは所見であるとも言う。こういうことが、楞伽経によく書いてある。それで自覚聖知ということは、何を自覚的に見るかというと、すべてのものは、自分の心一つに納まると自覚するのである。すなわち何を自覚するかというと、所造であるということを自覚するのである。この羅婆那の話は四巻楞伽にはないが、七巻、十巻唯心の本にはある。それら七巻、十巻が四巻本よりも長いのは、こんなことが付加せられているからである。とにかく、楞伽経は仏の自覚聖知ということを説くのである。これはまた唯心の所造であって、いわゆる唯心論である。こういう風にこの楞伽経は説くのである。阿頼耶識《あらやしき》も、如来蔵も、仏の心の現われである。自分の心の現われであるというと、すべてのものが阿頼耶識となる。仏の所造所見と言うとすべてが皆如来蔵となる。自分もその中にはいっている。いずれにしてもさしつかえない。が、そういうことを言う人は哲学者になる。達摩が慧可《えか》に伝えたものは、そういう唯心論を立てようというのではなく、そういうことも書いてあるけれども、その点は本題でなくして、自覚聖知ということを、主意とするのである。こういう風に私は考えて行きたいと思う。哲学もないことはないけれども、それよりも、宗教的に、理屈を言うのではなく、それを悟る、体験するというところに、着目しなければならぬものと思うのである。

第五講　神秘主義としての禅

禅の特色――中国における始期――六祖以後――曹洞と臨済――
公案の性質――十牛図――尋牛――見跡――見牛――得牛――牧牛
――騎牛帰家――忘牛存人――人牛倶忘――返本還源――入鄽垂手

中国の禅ということについては、私はこういう風に考えている。達摩《だるま》――菩提《ぼだい》達摩が中国に来て、そしてことに禅を伝えたという、その意味がどういうことになるのか、それがわからぬと禅の特殊性ということはわからぬのじゃないかと思う。で、それを申し上げたいと思うのである。達摩が中国に来られたのは、ちょうど千四百年ほど前のことで、数年前、京都で大いに記念祭をやったようであるが、その千四百年前に達摩が中国に来られて、そして禅というものを伝えたということになっている。それで初めて中国に伝わったものであるかというと、禅宗の人は達摩が初めて禅を伝えたのであるということになっているのであるから、そう言っているけれども、中国にはそれまでは禅がなかったかというと、実はそうではなくて、中国には昔からあったのである。なぜかというと禅は仏教に付属したものである。仏教というときにはもう禅ということを言わなくてはならない。であるから、中国に仏教が伝わったということになれば、それと同時に禅も伝わっておったということになるのである。仏教が伝わって禅が伝わらなかったということは言えない。そうすると達摩が中国に来られたときに、もうすでに仏法というものは中国に渡っているのである。それは後漢の明帝のころ（一世紀の中ごろ）であるというのであるから、その後達摩が来られたのは、梁の武帝（六世紀ごろ）の時代という。そうすると、その間に何百年という歳月が経っている。その間に仏教が中国に行なわれておって、しかも禅が伝わらなかったということは言えない。そうすると達摩が中国に来て、そして特に禅を伝えたという、その禅とは何かということを考えてみる必要がある。それを十分調べてみると、日本に伝わって来ているところの、今日伝わっている禅というものは、どういうものであるかもわかるであろうと思う。

もちろん、このものというものは発達をして、いつも同じものではない。いろいろに発達をして来る。初め種から芽を出すときは、桜でも梅でも目で見てはあまり変わりがないかも知れないが、だんだん大きくなると、それが桜となり、梅となり、桃となる。その発達の跡を見るというと、芽のときにはたいてい同じものである。同じさは同じでも、どこかに違うところがあるにきまっている。大きなものになると全然違うのだから、その芽も、初めからまったく同じく見えるものでないと言わなければならぬ。芽を出しているうちに、今日発達すべきところの特殊性が、ちゃんと見えていなくてはならぬと思う。梅とか、桃とか、杏《あんず》、巴旦杏《はたんきょう》というように、同じ種類に属する木でも、ちょっと似ているところは似ていても、違うところがどこかに少しくらいあるに相違ない。これを松とか杉とか、全然違ったものの芽と比較すると、この相違点は嶄然《ざんぜん》として目につく。が、見るものの目から見ると、少しの違いでも、その違いのあるところは、目につかなくてはならぬ。遺伝というものは、大きくなっても消えるものでなく、そこに多少の面影を有しているものである。そういう具合にして、達摩の禅の特色はどこにあったかということになると、達摩時代の歴史というものもだいぶ中国には残っているのであって、それを調べてみると、達摩以前に禅という字はいくらでも使っているのである。そしてその禅を紹介したところの偉い僧《そう》侶《りょ》も沢山あるけれども、達摩の言われた禅というものとは、何か異なっておったものがあったのである。なぜかというと、まず外的歴史についてこれを見ると、達摩は非常に迫害を受けている。宗教というものは無我を説くものであって、我を出してはならぬ。人に迫害を加えてはならぬものであるが、しかし宗教というものも、古い宗教として抽象的のものであれば、そんなことはなかろうが、その抽象的な宗教というものに、人間というものが、ついて出ると、この条件に条件づけられて、そこにまた、いろいろの係累を生じて来る。いわゆる宗我なるものが出る。ちょっと毛色の違ったものが来ると、それに対して迫害を加えるということになる。これは古今東西を通じて、そうあってはならぬことであるけれども、そうあるのである。まことに嘆かわしいことであって、私どもはそういうことのないようにと務めている訳である。ところで達摩が迫害を受けたというその程度のことなどは、十分にわからぬけれども、毒を飲まされたなどということが、本には書いてある。その毒は何人《なんぴと》が飲ましたのかというと、やはり宗教者の仲間に憎まれたということになっている。なぜそんなに迫害を受けなければならぬか、なぜ毒を飲まされなければならぬように憎まれたのであるかというと、やはりそこに達摩の唱えた宗旨というものは、昔から伝わっている宗旨とは少し異なったものであったからだと思う。そうでなければ、無闇に迫害を受けるということはない。昔から仏教と言って来た中に禅がある。その禅が中国に行なわれていたとすれば、達摩が説かれた禅が同じものであるとすれば、迫害を蒙《こうむ》る訳がないのである。ところがそこに達摩の伝えられた禅というものが、今までの仏教の中の禅とは、趣を異にしているものでなければならぬ。そうすると、新たなものが出たのか、またもとの旧《ふる》いものに還《かえ》ったのか、それはいずれにしても、何かそこに異なったものがなくてはならぬと思う。ここに一言付加しておくことは、新しいということはまったく違ったものだという意味にもなるし、それから本のものが本来の特殊性を失って、ただ一つの形式、または残骸《ざんがい》というものだけが備わっている、それを壊して、本に戻すということが、また新しいものとして見られる場合がある。実際を言うと、新しいというものはないのであって、いつも古いところに戻るか、今まで間違った道に行っていたものを、少し改良するというようなことが新しいということになって来るらしいのである。禅宗の達摩の宗旨も、やはり新しいというように見られて、そこで迫害を受けた。それも古いところのものが本当の道を通って来なかったのを、本当の道に還すという意味において、達摩が新しい宗旨をとなえたのだと言いたい。それにはまた証拠があるが、これを言っていると、だいぶ横道にはいるから、またの機会に申し上げることとして、その証拠とすべきものは、だいたい何であったかというと、達摩の伝えられた禅の大眼目とするものは、やはり、仏が霊山上に説かれたところの、すなわち仏が菩提樹下《ぼだいじゅげ》に悟られたところの正覚《しょうがく》ということなのである。こういう意味において、達摩は新しいものを創り出したのではなく、古いものが型にはいって行くのを、新しい精神で本に戻したということになるのである。これは簡単に片づけて次に移りたいと思う。

中国における禅の初期はどうか、達摩のもって来られた禅というものは、仏の初めて伝えられたところの正しい覚《さと》りそのままを伝えたのである。中国の達摩以前にできておった禅というものは、本当に禅の悟りに到るべきものでなくして、ただ心を静めて坐禅《ざぜん》をしている、定《じょう》にはいっているので、形の上ではなるほど今日の禅宗の坐禅と同じように、結跏《けっか》趺坐《ふざ》して、心を集中するというようなことをやっていたのであるが、達摩の禅は、そこに一つの目をもっていたということにしたいのである。これが違うところである。仏教というものは、インドに興って、インドから中国に来た。が、その道というものは、独りで宣《の》べられ、伝えられるというものではなくて、必ずそこに人間という器《うつわ》があって、それに盛られなくてはいけない。神と言っても、その神はどういう具合にその心を人間に伝えるかというと、やはり一人の人間を使うよりほかに仕方がない。それであるから、その人を通して神の心は宣布されるが、神はまたその人によって制限せられ、条件づけられるということは、やむを得ない。その人によって条件づけられるという意味は、その人の生まれた場所、その人の生きていた時代、その人の祖先、遺伝、教育というような、そういうものに支配されることになって、神秘というものがそのままで伝わらないで、ここに何か他物を借りなくてはならないのである。禅宗の方でも、隻手《せきしゅ》に何の声ありやという塩梅《あんばい》に、何か物を借りなくてはならぬ。そうでないと、これがどうしても外に現われて来ない。すなわち人に伝えられない。そうすると神秘はそれだけ、その人によって、条件を課せられるということになる。これは本来の約束であって、そうなるよりほかは仕方がない。何ともかともしようがないので、そうなる訳であるが、そこで達摩もインドから来られて——南天竺《てんじく》と言うが、達摩が中国に来られたのは南からである。中国に来たところのインドの高僧というものは、北から回って来たのがなかなか多い。中国から行ったところの巡礼も、北を通った人が多いので、南から来た人は少ない。達摩は南インドの海に面したところから、海を通って、中国に来られたもので、今日から考えると、中国の広東方面に上陸されたものと思われる。そして南から北の方に進まれて嵩山《すうざん》というところにはいられたということになっている。嵩山というのは、なかなかやかましいお寺の本山のあるところで、今日もまだ残っていて、達摩を祭ってあるところがあるという。がよほど頽廃《たいはい》しておって、写真を見ても軒からしのぶが生え下がっているのが見られる。だんだんと腐朽して行く有様である。そこで達摩はインドから来た人であるが、インド人であるというところから、達摩の伝えた禅というものは、インド的禅であったということに、疑いはないのである。今日発達しているところの禅というものは、それは中国において中国化し、日本においては日本化して、何百年間たってできたところのものであるから、禅もよほど、鮮明になっている。インドからすぐに伝えられた達摩《だるま》の禅というものは、やはりよほどインド臭を帯びておったものであると思う。これはどういう意味であるかというと、大体のところを言えば、それはよほど抽象的なものであった。中国の禅、すなわち今日の禅のように、日常生活の事の上に説かれたものでなかった。インドの禅というものは、むしろ哲学的の言い表わし方をして、中国のように日常のわれわれの生活における個々の事の上に表わされていなかった。それで、たとえば慧可《えか》が達摩に安心を求めたときに、どういう具合に言ったかというと、私はよほど仏教を研究しておったけれども、どうも安心ができない、それでどうぞ安心をさしてもらいたいということを言った。

「わが心未《いま》だ安《やす》んぜず」

するとと達摩が答えて言うには、

「心を持ち来たれ、汝《なんじ》のために安んぜん」

慧可の曰《いわ》く、

「心を求むるに不可得なり」

達摩の曰く、

「汝のために安心し了れり矣《い》」

というような塩梅の言い方である。これがだんだん発達して来るとだいぶ様子が違って来る。その一例を出してみると、

因《ちなみ》に僧あり、趙州《じょうしゅう》に問ふ、

「如何《いか》なるか是《こ》れ諸仏の師」

州曰く、

「阿弥陀仏《あみだぶつ》」

（禅宗の人は、この阿弥陀仏を、普通の阿弥陀さんと、解しているかも知れぬが、あるいはこれは今でも中国の僧侶間に取り交わされる出会い頭の挨拶語《あいさつご》であったかも知れぬ。われわれが「お早う」と言ったり、"Wie geht's?" とか、"How do you do?" とかいうのに当たるのかも知れぬ。そう解して、日常語が直ちに諸仏の師と転ずると見てもよい）

そういうようなことは今までの「心を求むるも不可得なり」というようなものと比較すると、単に字の表から見ただけでも違う。そういう風に様子が異なっている。中国における唐宋時代の禅と達摩の時代の禅と、大いにその趣を異にする。その違いはじめは、いつからというに、それは慧能《えのう》のころからだと言ってよい。それで中国禅において、達摩を初祖とすると、

達摩――慧可――僧璨《そうさん》――道信――弘忍《ぐにん》――慧能

という順序になる。これから中国に中国化した禅が行なわれたといってよろしい。それはどういう意味かというと、どうしても、いくらかの歳月が経たぬと、外来のものは土着しない。植物でも、土着するには、高山植物でも平地にもって来て生長させるには、やはり何年間かたたぬというと、本当にそこのものにはならぬ。同時にいくらか様子が変わっ

て来る。日本でも近ごろオランダから来る植物でチューリップは名高いものであるが、それを日本に輸入した最初の一年はいちばん立派であるが、翌年になるとどうも面白くない。日本から朝顔などを西洋にもって行っても、その年には立派であるけれども、翌年になると、花が小さくなる。萎縮《いしゅく》してしまうというようなことがある。植物でもそういう風に変化する。そのものが土着して、そしてその土地の植物となるには、やはり二年から三年かかる。日本にある街路樹のプラタナスにしても、あれは熱い土地にある木であるから、日本の土地には向かない。いくらか年数がたって日本化したものでないといけないということをきいた。これと同様に精神界のことは、植物界のように三年、五年たっただけで、そこに土着するような訳にはいかぬ。日本に仏教がはいって来ても、これが本当に日本の仏教のものにはならぬようである。禅が中国へそして中国化したというのは、やはり二、三百年なったのは鎌倉時代である。達摩がインド禅をもって来たのが、六祖以後だんだん中国化の時代を経なければならぬ。どうしても百年、二百年はかかる。それでないと本当したと言ってよかろうと思う。その間には、二百年以上たっている。六祖に至ってもなおいくらかこのインド臭というものがある。十分中国化したということはできなかったらしいのである。これはどういう訳かというと、前にも言ったことであるが、この六祖という人は、金剛経をよほど読まれた人であった。金剛経で大悟したということになっているが、なぜ金剛経で悟ったかというと、それには因縁話がある。六祖大師はやはり中国の南方におった人である。広東地方の人であった。中国大陸を流れている大河に揚子江《ようすこう》と黄河というのがある。この黄河へは山の土が流れ込んでいつも濁っている。それで黄河と言うのであるが、よく中国人は物の埒《らち》のあかぬことを河清を俟《ま》つがごとしということを言う。その黄河と揚子江との間を中原《ちゅうげん》と言う。これが当時の文化の中心であった。六祖はそこに生まれたのではない。南方の広東地方で生まれた。そのころではその辺は野蛮人の住所と見られていたのだ。六祖は大変親孝行であって、この人の親は貧乏であった。それで薪《たきぎ》を売って母親を養っておられた。父親は六祖の幼い時に亡くなって、母親の力によって育て上げられた人である。一日薪を売るために市に出ていると、ある客がその薪を買うことになった。そのときに客の読んでおったところのお経を耳にした。そしてそのお経を聴いて何かそこに感ずるところがあった。そのときはまだ本当の悟りを開いたという訳でない。本当に悟ったというのは、やはり五祖のところに行ってからであると思う。この辺は本を調べてみてもどうもはっきりしない。とにかく、そういう具合にして、お客の金剛経を誦《しょう》しているのを聞いて感ずるところがあって、そしてその金剛経を教えているのはどこかということを尋ねた。それは北方の黄梅山《おうばいさん》の弘忍《ぐにん》和尚のところであるというので、そこに行った訳である。そしてそこで修行せられた。その修行というのが、臼《うす》を回して米を搗《つ》く仕事であった。日本では米を搗くというが、中国では臼を引く、臼をぐるぐる回すのであるが、今は牛や馬をつけて回しているが、初めは人が回したものらしい。六祖は自分の腰に石をつけて重くして、その臼を回したということが本に書いてある。事実かどうかはわからぬが、だいたい、よほど苦労せられたものであろう。そこであまり時は経たなかったようであるが、その米搗きをしておられて、何か啓発されるところがあったに相違ない。いろいろの話は簡単に略してしまって、五祖は六祖の修行を認めて、汝《なんじ》は禅宗の修行というものはできたから、これでよろしい、汝はこれから南の方に行ってしばらく隠れて、いよいよ出るときが来るまで隠れておって、その時になって大法を宣布することにしたらよかろうということを言われた。それで六祖は五祖のところを去って、何年間か山に隠れておって、それからいよいよ出てもいい時期になったと思うとき、出られたというのである。出られたときの初めの問答はどういうことかというと、一般に風幡心動《ふうばんしんどう》ということを言っているが、広東の市に出て来られると、ある寺で坊さんが涅槃経《ねはんきよう》を講ずるというのである。仏教の経典の中でもだいぶ大切なお経の一つであるが、寺院には幡《はた》がよく立っている。ことに日本でも曹洞宗の寺院になると幡が立っているのを見る。その幡が風で動く、すると寺の前で坊さんが議論を始めた。幡が動くのか、あるいは風が動くのであるか、というような塩梅《あんばい》に。よく鐘が鳴るのか、撞木《しゆもく》がなるのかというが、それと同じように、風が動くのか、あるいは幡が動くのかと、非常に議論をやっておった。するとそこに六祖が出て来て、それは幡が動くのでもなければ風が動くのでもなくして、これは汝の心が動ずるのである、ということを言われたという話がある。それを風幡心動と言って伝わっているのである。これを聞いて寺の涅槃経を講じようとしておった和尚は、これは普通の者の言うことでない。これはどうしても何か修行をした人の言葉でなければならぬというので、その人を招待して、聞いてみると、これが果たして五祖のところで修行した慧能《えのう》という人であった。

この風幡心動ということ、こういう言い方は、まだいくらかインド臭が残っているが、しかしだいぶ中国式になっている。

少し話が前後するが、その前にもう一つ言わなければならぬことがあった。それは六祖が五祖のところを出るというときに、五祖がわざわざ六祖を送って出て、そして、河のところまできて、自分で船を雇《やと》ってこっそりと逃がしてやったということである。ここにまた歴史的に何か意味があるだろうと感じられるが、これは当面の問題でないから省略して、いよいよ五祖の衣鉢《えはつ》を伝えられてしまったということを、他の弟子どもが聞いて、六祖のようなものに五祖の法を伝えて行くということ、また達摩以来伝わったところの袈裟《けさ》をやってしまったというようなこと、それはならぬというので、それを取り返すために、弟子どもが六祖の跡を追っかけたということがある。その中でも明《みょう》上座という人が先頭になって六祖に追いついて、そしてその袈裟を取り返すつもりであったか、どういうつもりであったか、とにかく、追っかけて来た。六祖はとうてい逃がれることができないというので、その袈裟を、――一本には、衣鉢とあるが、厳格に調べると、いずれであったか、よくわからぬことになる。そこは禅宗の坊さんは割合に暢気《のんき》であるから、事実はどうかと詮索《せんさく》すると、ずいぶん怪しいことがあっても、平気でそれを取り入れているが、袈裟なら袈裟、鉢なら鉢を、六祖は今は仕方なしに、そこらの石の上に置いて、そして自分は叢《くさむら》の中に隠れておった。そうすると、そこに明上座が追いついて、その衣か鉢を取り上げようとした。ところがこれが実はだいぶ芝居がかっているので、実際考えてみると、どういう訳で、六祖は後から追っかけて来るのがわかったか、また石の上に衣なり鉢なりを置いて、草の中に隠れておったかということ、芝居でするとよほど面白いところであるけれども、そうした事実は、考えてみても、どういう具合に実際の上に行なわれたか、ずいぶん疑わしいところがある。後から追っかけて来るので、衣を置いて草の中に隠れておったということは、日常世間体の事実としては、どうも考えられない。が、書物にあるところを、そのままに言うと、明上座はその衣が伝法衣であると知って（鉢ならば、その鉢を五祖より六祖に伝えたものと知って）、それを取り上げようとしたところが、なかなか上がらぬのである。ちょっと考えると、不可思議のようであるが、それは上がらぬ訳である。どこから言っても上がる理屈はないと、私どもはきめている。それで仕方がないから「どうも私は衣がほしくて来たんじゃない、法を求めるためである」と言った。衣がほしくなく法を求めるためなら、初めから衣に手をつける必要はない訳である。その辺はどういうことになっているか、戯曲的なところである。そこで六祖は仕方がないから出て来て、「衣は信を表わす、力をもって諍《あらそ》うべからず」と言った。相対的の力では上がらぬので、これは信でもって上げるのだと言った。この信というのはどういうことを言うのであるか。こういう昔話がある。ある坊さんがインドから華厳経《けごんきよう》をもって来たのであるが、その途中それを人に盗まれないように、肌身はなさず持っていた。夜は自分の枕の下に敷いて寝るという風にしていた。ところが、ある晩、夢に「お経はそんなにしまっておかなくても、夜は棚の上に安置してよい」という仏のお告げをきいた。それで、夜はその通りにしておくと、ある晩のこと、泥棒がはいった。そしてそれをもって行こうとしたが、どうしても持って行くことができなかった。それで盗人は大いに改悛《かいしゅん》して、ついに帰依《きえ》したという話がある。また西洋にも同じようなことが神話としてある。北欧の神さまが集まって、いちばん偉い神は誰だということになって力競《くら》べをすることになった。すると、いちばん強いというトアという神が出て来て、汝らのする事は何でもやってみせるというので、それではここに一杯の水がある、この水を一気に飲み干すことができるかということになった。ところがそんなことは何でもないと思ってやったが、いくら飲んでもその水飲みの水が尽きなかった。どういう訳かときいてみたら、その水は天地の根源から出ているところの水であるから、どうしても尽きようがないということであった。それと同じことである。慧能の衣というのも、ここに目に見えるだけの衣ではなくて、その実それは天地の根本から生え出ているものである。それを上げるとなると、天地の根本を引っくりかえさなければならぬのである。そういう意味でその衣の普通の力で上がらぬのは当然である。筋肉に訴えた力では上がらぬ。信の力でなければならぬということ、相対的の人間の力でなく、絶対そのものから出た真実でなくては、一枚の衣も挙がるものではないというのが、六祖の禅の取り扱い方である。そこで六祖が明上座に言った。おまえは衣のために来たのでなくて、法のために来たというならば、その法とはいったい何だ、それがききたいというなら、わが言葉に答えよという心持で、かの有名な「不思善、不思悪、正与麼《しょうよも》ノ時《とき》、那箇《なこ》カ是《これ》明上座本来ノ面目」（『無門関』23則）と叫破した。これについては他日申し上げる機会があると思うが、たいていわれわれの考えというものは、善とか悪とか、二つに分かれて出て来る。その二つを絶縁する、すなわち二つという相対性に囚《とら》われないでいると、そのとき明上座の本来の面目が活躍する、その面目を捉《とら》え来たれというのが、六祖の宗旨である。ここで明上座は悟りを開いたということになっている。本にはそういう具合に書いてあるが、そううまくちゃんと始末がつくかは各自の問題として、とにかく、明上座がそれで目を開いたとするならば、ずいぶん修行しておったのであろうと思う。そういうように本来の面目ということは、今でも禅宗の公案になっているが、この本来の面目という言葉は実にこの時から出て来たことになっている。そうするとこの本来の面目ということは、六祖が出した新機軸、一つの新工夫であると言わねばならぬ。今までの禅と違った面目がここに現われている。六祖に至って、禅の取り扱いが今までなかったところの性質を帯びて来たものと言ってよかろうと思う。そういう訳で本来の面目、あるいは衣《え》は信を表わす、力をもって諍うべからず、風幡心動というような禅の取り扱い方は、六祖までにはなかった。従来のやり方とは手を変えている。六祖に至って変わり手が出たと言ってよい。すなわちわれわれの平常の生活の上において、親しく取り扱われるということが、中国の禅の特徴であるが、それが六祖から初めて現われて来たといってもよかろうと思うのである。すると禅というものは、経文を離れ、学問を離れたもので、また別個の生涯、それ自身の生涯があって、それが日常のわれわれの生活そのものであるということになった。ことにこの六祖という人は、今までに言った通りに、あまり学問をしていなかった人である。薪を売っておられたとすると、学問はなかったと言っていい訳であるが、しかし必ずしも、それは事実でなくして、薪を売っていても、学問のある人は沢山ある。六祖は学問はなかった人であるという風に、六祖の子孫である人たちは言っている。ところがそれはどういう訳かというと、六祖の相手に神秀という人がある。これは学者である。やはり五祖の法を伝えたのであるが、六祖の系統の人々に言わせると、神秀は五祖の法は伝えていないように言っているけれども、公平な立場から見ると、五祖の法を伝えたのは、われわれが今言っているところの六祖だけでなくして、神秀という人もやはり法を伝えたものであるという風に見るのが、正当な、偏頗《へんぱ》のない見方だろうと思われる。六祖の方では神秀と対抗するために、どういう風にしたかというと、無学ということを標榜《ひょうぼう》した。神秀は学問のある人であるが、六祖は無学であるということをもって、六祖を持ち上げたのである。それはどういう意味かと言うと、禅宗というものは、学問ではいけない、学問知識で抽象的に取り扱われるのではない、無学の者でもいい、かえってその方がいいのであるという塩梅《あんばい》に説いた。実は文字を知っておっても、知らなくても、それはたいして問題となるものではない。ここに六祖という人はだんだん従来の経典的の禅を排して、日常生活の事の上に取り扱う禅を鼓吹したのであるから、無学を標榜した方が、かえって面白いともいえる。仏教では事ということを差別の義に使う。われわれの世間では、事は事実の意味に使う。ここが少し違うところである。畢竟《ひっきょう》は同じである。六祖の禅は、事実の上に取り扱われているので、その日常の経験事実なるものは、文字ということ、経典ということ、哲学的思索という学問的知識というようなものから出て来るのでなくして、生命そのものの発露である。これを捉え得たのが六祖によりて中国に現われたところの禅であるという風に、私は見たいと思うのである。そして六祖が一度その糸口をつけると、禅はそれから序を逐《お》うて発達して来る。飛行機なども、その初めはアメリカのライトという人が、翼をこしらえて、モーターの力で飛ぶということを考え始めたのが基になって、それからそれへと機械の上に発明が加えられて、今日のようになった。まず物はその糸口ができると、急に発達の途《みち》が開けるので、その糸口の発見者がなかなかえらいのだ。ちょっとしたものであるが、それに手がつくと、それから先の途は、ずんずんと開けて行く。長足の進歩が可能になるのである。同じように、六祖が禅というものを、こういう風に見、こういう風に取り扱ってからというものは、中国の禅は長足の進歩というか、よほどの発達をしとげたのである。そして今日に至ったと言ってよかろうと思う。しかしながら、本当に中国化したというのは、六祖においてもまだいくらかインド臭はあったが、それから後に至って出て来たところの、一方には青原行思《せいげんぎょうし》という人、また一方には南嶽懐譲《なんがくえじょう》という人、この二人が禅宗というものを非常に発達させる縁になった。この二人のほかにも沢山の禅者が、そのころいたのであるが、この二人の系統が続いて今日まである。ことに南嶽懐譲という人からは、馬《ば》祖《そ》道一《どういつ》という人が出ている。この人から禅が異常な発達をなしたのである。禅は六祖でまず一転化し、それから馬祖に至って、も一遍一転化したのである。こういう風に見てよかろうと思う。特別に禅を研究するおりには、いろいろの人の名を挙げて、いろいろのことを論じなくてはならぬのであるが、これは今は必要のないことである。そしてこの南嶽の下に馬祖道一があったごとく、青原行思の下に石頭希遷《せきとうきせん》という人が出た。この二人が出て、江西湖南地方に大飛躍をした。そこで中国の禅は確立したのである。

日本における曹洞という禅は、青原行思の弟子の石頭希遷という人の系統が続いているのである。それから臨済宗となっているのは南嶽懐譲から馬祖道一と続いている系統である。この二つの系統が続いているけれども、日本における曹洞宗と臨済宗というものは、中国におけるそれとは少し違っている。どういう風に違っているかというと、ざっとこうである。日本の曹洞宗というのは、鎌倉時代——臨済宗もやはり鎌倉時代であるが、道元禅師という人が主になって伝えたものである。臨済宗の方は、二十四流の流派のうち二十一流までそうであるが、今日にまで伝わっているのは大応・大燈・関山と続く、妙心寺の開山、関山国師というお方の系統だけである。そこで、両宗の特色はということになると、今日では、曹洞宗の方は一派しかない。臨済の方には本山が幾つかに分かれ、各派がある。そこが違うところである。ただ一人が中心ということになる、その人の考え、その人の思想——すなわち道元宗というものになって、道元禅師その人がありがたいことになって来る。道元禅師その人を尊敬するようになって来る、曹洞宗は道元禅師の人格に集中しているような傾きがある。曹洞宗は道元宗である。ところが臨済宗の方は関山国師というものがあるけれども、特にその人をどうするということはない。妙心寺の開山として尊ばれてはいるけれども、他のほうから見ると、別に関山国師は曹洞宗における道元禅師のようには扱われていない。また道元禅師の書かれている文章というものがなかなか沢山ある。正《しょう》法眼蔵《ぼうげんぞう》という本は道元禅師が書かれたものか、あるいは弟子が筆記したものかわからぬが、なかなか大部のものである。これを研究するには曹洞宗の人は一生を没頭していると言ってもいいくらいである。臨済宗にはそういうものはない。それで自然に人を重んずるとか、書を重んずるということは、なくなってしまって、そしてここに法に集中するというようなことだけが残った。これが一見したところの両者の区別であるが、さらにもう一つの区別は、中国においてすでに行なわれたのであるが、日本にはいってそれがますます激しくなったものがある。何かというと、曹洞宗の方では公案というものを立てないということである。公案を否定するような傾向がある。したがって中国におけるところの道元禅師が師事された如浄《にょじょう》禅師という人も、やはり公案を否定したものである。これに反して日本に伝わっている臨済宗の方では公案を重んじている傾きがある。それで臨済宗では看話禅《かんなぜん》、曹洞宗は黙照禅《もくしょうぜん》ということになる。ただ黙って坐禅《ざぜん》しているというのが黙照、臨済の看話禅の方は、日本では、白隠和尚以後今日に至り、この公案というものが、大いに組織的になって来た。それで公案というものを説明する順序になるが、実はこれだけについては、他日機会があれば、一席弁じたいと思っているのであるが、一口に言うと、理屈というものを理屈としないで、事の上に取り扱うものである。すなわち六祖の精神というものが伝わって来て、それが公案となったものではないかと、私は思うのである。その事、その事、一事一事の上に理をあきらめて行くという風に考えてはどうかと思う。物を通していかぬと、どうしても物はわからぬのであるから、その物を通すという、そのことが公案であると言ってもいい。そういう意味に臨済の方では見ているようである。公案の出所――定義はいろいろと、昔から言われているが、公府の案牘《あんとく》ということが、公案の字の起原だというのであるが、それは本当かどうかはわからぬ。とにかく、事というものを通して、その理を現わすという風に言ってよかろうかと思う。これについて話を進めると長くなるから省略して、最後に禅宗に「十牛図《じゅうぎゅうず》」というものがあるから、これについて蛇足を加えてみたいと思う。

十牛のその一つを尋牛《じんぎゅう》と言う。インドは牛を大切にする国である。日本では牛を殺して食べるが、昔はそれでも食わなかった。今でも古い人は食べないが、それはインドの影響を受けているのではないかと思う。インド人は牛を殺すということはしないで、その乳を飲む、牛酪《ぎゅうらく》であるとか、醍醐《だいご》であるとか言うが、あれは牛乳を精製したものであって、よほどいいものであるそうだ。とにかく、牛を非常に大切にした。回教の方はそんなに大切にしない。殺してしまう、そうするとインド教と回教が喧嘩《けんか》をするという訳であるが、とにかく、インドでは牛を大切にするから、お経の中には、牛ということが沢山に出て来る。その牛を尋ねる、捜すということが修行の第一歩に喩《たと》えらるる。ところが、この尋ねるというのが、そもそも誤りの本で、種々の面倒はこれから始まる。実はなくしていないものを、なくしたと思って捜しているのである。ものを捜すということは、すでにそこに目の前にその物があるということであるが、本当はそこに気がつくまでには、よほど捜してみないとわからぬのである。この意味は、お手元の本をお読みになればよくわかることと思うから省略して次に進む。第一に見跡《けんせき》と言うが、牛の跡を見るというのである。もとより自分がもっているのである。隠れているのではない、そこにあるということを言い現わしたものであると見てもよい。第三には見牛《けんぎゅう》である。牛を見つけたのである。もとより隠れているのではない。現存しているのであるから不思議でも何でもない。見つけるというのは、あるから見つけるので、なかったら見つけようとしても、見つけられないことになる訳である。第四は得牛《とくぎゅう》である。一見しただけで、それでよい訳であるが、単に見たというだけではいけないので、やはりこれを自分の手中に納めたい、自分のものにしなければならぬということになる。その条件は各自の工夫より外に何ともしようがない。だんだんとこれが進むと、牧牛ということになる。これはだいぶ慣れたときである。離しても自然に向こうの相手から自分に従って来るということになる。人間の修行の必要というのは、そういうところから出て来るのである。その次には騎牛帰家《きぎゅうきけ》と言う、いかにも自由な様子をここに現わしていると見ていい。その次に忘牛存人《ぼうぎゅうそんにん》である。鞍《あん》上に人なく鞍下に馬なしというところである。我というものを忘れる。すなわち忘我の境にはいる。三昧《さんまい》である。ここに純粋な自分の姿を見る。頌《しょう》の文句が大変面白いと思う。次は人牛倶《とも》に忘るというのである。牛だけを忘れても、まだ本当のものでない。この流儀で行かなければならぬ。これがさらに一転化すると、返本還源《へんぽんげんげん》ということがある。最後は入鄽垂手《にってんすいしゅ》ということで、十牛は終わっているのであるが、この入鄽垂手ということがなかったならば、禅宗も宗教ということは言えないのである。山の中にはいって羅漢的に静《じ》っとしているだけならば、それでその人はいいかも知れないが、一人はそれでいいけれども、この世界を見ると、今日の世界もそうであるが、われわれの世界にはよほど不公平である。悩みというものがある。あるいは日々の生活の上に権力者のために圧迫を受けているということが沢山ある。その権力者があるいは与えられた権力を行使するというときに、その人がどういう方面に、その権力を行使しているのかというと、これは国家とか、あるいは社会というような、そういう公平な立場に身を置いて、権力を行使すればいいが、そうでなくして、自分の個人的のただ私の利益というところから、団体全体の利益を圧迫することがある。自分に委託せられたところの力を、自分のためにのみ乱用するということがある。委託者の幸福を無視することが権力者の常であると言ってもよい。その乱用のために、何の訳もわからないで不幸な圧迫を蒙《こうむ》っているということが、どのくらいあるかわからぬと思う。政治上にそういうことは沢山あると思われるのである。政治上のみでなく、富の分配という方面から見ても、機械文明、工業文明というものが発達して来ると、そこには、一方に富の蓄積があり、また一方にはそれと反対の労働者の窮迫ということができて来る。そうすると、窮迫者は団体を組んで富者に対する反抗というようなことが生じて来る。すなわち資本家と労働者の争いとなって、労働争議というようなことが、近代社会生活の特徴となった。いずれがいいか悪いか、おのおの言い分があって、その善悪は、私にはわからぬけれども、互いに圧迫しようとしているところに、この争いがあるのではないかとひそかに思うこともある。これは、どちらにも「私」があるからではないかと思う。そのことがあるために、どのくらい悩みがあるかわからぬ。これに皆苦しんでいるのである。自利はやがては利他でなければならぬのだ。これが仏教の眼目であって、仏教徒は事の世界、差別の世界に出て、人の中にはいって、そして本当に救済の事業をしなければならぬのである。単に個人的に貧乏している者に、飯が食えない者に金をやろう、仕事のないものに仕事を授けてやろうというようなことではなくて、社会の全体の組織の上に、今日のものよりも、よりいいものをでき上がらせたい。人もわれも、いわゆる自利ばかりでなく、利他の考えを出さなければならぬ。経済上、政治上においても、いずれも自利が、利他でなければならぬというような風が一般に働き出さなければならぬと思う。政治家でも金持でも、金持は金という力を動かし、政治家は権力を行使するに都合のいい位置にある。この好位置にあるものが、どうしても宗教というものに対して、もっと理解がないといかぬと私は思う。その政治の力、富の力、それは自分のために与えられたものでなくして、人のために使うべき力だと、こういう風に考えたい。自分に託された力を――自分の権力というものを自己のために使うことのないようにしたい。日々そんなことのないように権力者は心がくべきものだと私は考えている。学問のある人、金のある人、それはその人のみのものでない。その学問、その富の力というものは、ただ自分のために使うべきものではなくて、人のために使うべきものだろうと思う。そうなると、ここにじっとしている訳にはいかぬ、外に出て働かなければならぬことになる。それで私は、どうしても宗教は政治家、金持、あるいは労働者ももちろんであるが、みなこの宗教をもって、自分のためでなく、人のために働かなければならぬものであるという具合に考えなければならぬと強調したいのである。宗教だからといって、ただ個人の安心にのみ資すべきではなかろう。そんなことだけに安んじては、本当の菩薩《ぼさつ》行はできぬ。自分はこれでいいというところから、街頭に出て来なければならぬ。そこによほど細心の注意が必要だろうと思う。それで十牛図というものは、この点について、よく人間の精神の発達ということ、人格の円満ということなどを、まことによく図解で示しているのである。言葉でいうよりも、この図を見るとなるほどと納得ができる。詳しく申し上げると際限がないから、まずこのくらいにして今度はこのお話を終わりたいと思う。

解説（旧版）

古田紹欽

この書の初版は昭和五年六月、大雄閣から刊行になり、再版は同二十一年六月、大蔵出版から刊行になった。初版の題名は「禅とは何ぞや」であったが、再版で今の題名に改められた。しかし初版と再版とは内容上はまったく同じである。

この書は序文にも見られるように講演速記によって纏《まと》められたものである。先生の数多い著作中、一般の読者にも比較的やさしいものの一つであろう。初めて禅を学ぶ人たちにとってはたしかによき入門書である。

今、何かこの書の解説がましいことを書くについて、ただ見落としてはならないことと、はっきり了解しなければならないことの二点だけを挙げておきたい。

第一に見落としてはならないことは、この書の根底をなしている先生の禅経験の深さである。おそらく禅が何かを全く知らない人はこの書を一度くらい読んだ程度ではこの点に気づかれないだろうが、もしこのことを見落として読んだというならば、読んでも読まないものと同然であろう。したがってこの書には読み方があり、まず一通り読んで禅とは何かをほぼのみこんだら、重ねて読み返し、この書が単に禅の理屈をこねた書でないことを知り、禅経験の深さを読み取らなくてはならないのである。それではその禅経験の深さはどういうものであるかと問われても説明はできない。いやしくも禅とは何かを知ろうというならば、この深さを看取することなしには、その何かを知ることが困難であろうというより外はない。

　とかく書物がやさしいことは大ざっぱの読みようになりやすい。この書のやさしいことは入門書としてすぐれていることではあるが、このやさしさが「禅とは何か」のやさしさであるとは限らない。読者がこの書の根底に根深く存する先生の禅経験に気づくことは決してなまやさしいことではあり得ない。最初から安易に考えないでこの書を用心して読むのが、読むべきものを見落とさないゆえんでもあろうか。

第二にはっきり了解しなければならないというのは、先生の禅経験に気づいたとしても、それだけでは十分ではない。たとえば、この書で先生が南無阿弥陀仏《なむあみだぶつ》を解釈するのに、先生自身の宗教経験から古人の解釈がどうであろうと、自身の解釈をいっていられるところがある。

「……これは私が禅宗の立場から、南無阿弥陀仏を解釈するのであるから、真宗の方ではまたこの解釈と違うかも知れない。二つに見ないで、一つの宗教的体験というものから見るというと、昔の人が何と言っても、またどういうことがあろうとも、そういうことにかかわらず、自分の一つの体験として、そこに自分だけの融通をつけ得ると思う。

批評は諸君に一任したい」（本書　宗教としての仏教）

読者はこの言葉の意味を誤解なく了解しなくてはならないのである。先生は勝手な独断的解釈を下されているのではない。二つに見ない一つの宗教的体験と言っても禅宗と真宗との一致観からこのことを述べていられるのでもない。先生の到達していられる禅経験からこのことが言われているのである。その経験は禅宗であっても真宗であっても何でもよい。真宗の立場とか禅宗の立場とかは一応立場なくしてものが見られないからで、その立場は禅宗と言っても真宗と言っても変わりのない立場である。もちろん、禅宗と真宗との混同ではない。分かれていて分かれないものである。こうしたことに見られる先生の禅経験の深さを、読者はまごうことなくはっきりと了解しなくてはならないのである。古人がどう言ったとか、ある本にどうあるとかいうことに捉《とら》われないで、その人自身の解釈、自分自身の解釈をもたなくてはならないということは、先生の禅経験の深さを了解するということは、もう一つ突っ込んでいえば、この先生の禅経験の深さを了解するということは、先生の場合を了解するのではなくて読者自身の場合の解釈とならなくてはならないのである。先生が、「自分だけの融通をつけ得ると思う」といっていられることが、読者自身の融通をつけ得ることでなくてはならないのである。しかしこの点は読者が急に望んでも独断的解釈に陥る弊害を生ずるだけで、実際には先生のように永い禅経験の上で初めて可能なことであることを謙虚な気持で知らなくてはならないのである。

読者はまず最初に、先生が自分だけの融通と言っていられる点を疑いなく了解することが大切であろう。

こう見てくると、この書は、「禅とは何か」といってもありふれた禅の概説書ではない。やさしいようでむつかしく、禅の概略を知ろうとする読者は、この書を読んでいるうちにわけがわからなくなろうが、その迷ったところでこの書をじっくりと味読するのが肝要である。早わかりするような書物では本当はわからない。また、そんな書物ではほんの手びき書の範囲をでなかろう。先にこの書がやさしい禅入門書であると言ったが、初めて禅を学ぶ人の入門書であると共に久しく禅を学んだ人の入門書でもある。この書のうちには読んで知ることがあまりにも無限である。先賢は、禅に参ずるには何よりすぐれた師匠を選ばなくてはならない、師匠のよしあしによって修行のでき上がりに著しい影響があると警《いまし》めているが、師匠ばかりでなく、書物においても同じことが言える。入門の当初において読む書物を誤るとその書の後の影響は大きい。入門書は永遠の価値を有する入門書でなくてはならない。書物を読んで行くうちに、書いてあることに対して信のおけなくなってくる不安ほどやりきれないものはない。まして禅書のような場合には期待するものが大きいだけにそうである。

もっともこの書だけが先生の書かれた唯一の禅入門書であるというのではない。An Introduction to Zen Buddhism. と題する英文書もあれば、この本の訳本「禅学入門」もある。その他この種のものは英文著作にも和文著作にもある。それらのうちで特にこの書をすすめたいのは、さらに入門書的意義をもっているからである。読者はこの書を永遠の禅入門書として幾度も味読しながら先生のさらに幾冊かの著述をも併読されたら、禅とは何であるかがいっそう確実で明白なものになろう。

ことに先生の思想を「盤珪《ばんけい》の不生禅《ふしょうぜん》」（昭和十五年、教義文庫として初刊、後に鈴木大拙選集第四巻所収）の以前と以後に分けて見るとき、それ以前の著作にかかるこの書には、以後に進展した思想は判然とは現われてはいない。以後の書と併読されるとき、その進展の萌芽《ほうが》を初めて見るのであって、他書との併読は是非望ましいことである。この書は、先生の名著といわれるものに先行するいわば旧著ではあるが、この書の価値は決して低いものではない。この書の題名だけを見てただの禅概説書のように思ったり、自分の読み方の不徹底から読み所を見つけず、講演筆記の徒《いたず》らに冗漫《じょうまん》なもののように考えたりしてはならない。

終わりに一言断わっておかねばならぬことは、在ニューヨークの先生に代わってこの書を校正し、若干の訂正を加えたことである。もともと講演筆記であったためであろう、明らかに筆記の間違いと思われる点があり、それらの点は私の考えでただした。この書が先生の校閲を得ることなく、文庫本として世に出る責任はまったく私に存する。（一九五三、三）

解説

末木文美士

本書はその序にあるように、昭和二―三年（一九二七―二八）に大阪妙中寺で行なわれた計十回の連続講演の記録に基づいて、昭和五年（一九三〇）六月に『禅とは何ぞや』のタイトルで出版された（大雄閣）。戦後、昭和二十一年（一九四六）に大蔵出版から再版されたとき、『禅とは何か』と改題された。

『鈴木大拙全集』第四十巻の年譜（桐田清秀編）によると、もととなる講演は、以下のように行なわれた。

第一回「宗教としての禅」

一九二七年四月一〇日　第一講「宗教経験とは何か」
　　　　　六月一二日　第二講「何を仏教生活と云ふか」
　　　　　七月　三日　第三講「仏教の基本的諸概念」
　　　　　九月二五日　第四講「証三菩提を目的とする禅」

一一月一三日　第五講「心理学から見た禅」

第二回「仏教に於ける禅の位置」

不明　第一講「宗教経験の諸要素」

一九二八年五月　六日　第二講「宗教経験の諸型」

七月　一日　第三講「宗教としての仏教」

九月二三日　第四講「楞伽經大意」

一一月一〇日　第五講「神秘主義としての禅」

第一回、第二回と分かれているのは、恐らくはじめから全十講という予定ではなく、一年五回で完結する講義を二回行なったということであろう。それ故、本書を読む場合も、このことに注意する必要がある。第一回全五講で、宗教経験という一般的なところから話し始めて、仏教へと進み、禅へと収束して一サイクル終わり、もう一度第二回は宗教経験ということに戻って、またそこから仏教→禅へと展開していく。もちろん、同じことを繰り返すわけではなく、第二回は第一回を前提にしながら、それを深めていくことになる。いわば、直線的に一気に高みへと連れて行くのではなく、ゆっくりと螺旋《らせん》階段を上るように進んでいくので、ぐるっと一回りして、また同じような情景に戻ってきたのかと思うと、実ははるかに高いところにまで進んでいて、下を見下ろして「あれっ」と驚くことになる。

本書のうち、第一回第一講、第二回第一講、第二講を除き、代わりに「悟」の章を加えたものが、昭和十年（一九三五）に『悟道禅』（大雄閣）として出版されており、確かにそのほうが、話の筋は一直線で通りやすく、禅の問題に集約するので読みやすいかもしれない。しかし、このような螺旋階段のおもしろさはない。

大拙といえば禅、禅といえば大拙といってもよいほどで、大拙の著作で禅に関わらないものはないといってよい。禅の入門書的なものも少なくない。その中で、本書の特徴はどこにあるのであろうか。それは、第一回、第二回の総題を見ても分かるように、禅を正面から説くというよりは、それを宗教経験一般の問題として問い直し、また仏教全体の中に位置づけようというところにある。それ故、他書に見られるように、禅の歴史を説いたり、具体的な公案を取り上げて論じている箇所は少ない。逆に禅の入門書でありながら、禅以外の宗教一般、仏教一般について論じているところが随分と多い。禅入門であるとともに、大拙による宗教入門、仏教入門としても読まれうるものである。だから、禅についてある程度知っている人はもちろん、まったく禅に触れたことのない人でも、多少なりとも宗教ということに関心があれば、そこから禅とはどういうものか、その世界に踏み込んでいくことができる。

そもそも大拙の最初の出版は『新宗教論』(一八九六)であり、その関心は、狭い意味での禅に限られず、仏教全体であり、宗教全体であった。ポール・ケーラスのもとに学び、スウェーデンボルグの紹介者であったという経歴を見ても分かるように、大拙の学問は必ずしもオーソドックスな哲学や宗教学ではなく、むしろアカデミズムの外側に立っていた。それが、大正十年(一九二一)、大谷大学で教鞭を取るようになって、次第にアカデミックな研究に進むようになり、やがて、敦煌《とんこう》文献の研究や、『楞伽経《りょうがきょう》』『華厳経《けごんきょう》』の梵本《ぼんぼん》研究という大きな成果をあげるようになった。だからと言って、かつての広い関心が失われたわけではなく、大谷大学が真宗大谷派の大学であったこともあって、とりわけ親鸞《しんらん》の念仏には深い関心を持つようになった。本書でも、意外なくらい念仏について説いているところが多い。それ故、「禅といえば大拙」といっても、大拙の禅に関する思想は決して伝統的な禅そのままではなく、大拙の特異な素養にもとづく、近代的で独自な禅解釈であることを認識しておかなければならない。

本書の立場は、盛んに出てくる「宗教経験」という言葉にもっともよく表わされている。宗教経験は、アメリカにおいてもウィリアム・ジェームズらによって強調され、日本でも大拙の盟友西田幾多郎《にしだきたろう》の『善の研究』（一九一一）において根底に置かれていた。その底には、宗教を社会制度的な面からでなく、個人の内面的な体験として見直すという、近代的な宗教観が定着してきたことが指摘される。

大拙は、本書の最初第一回第一講で、宗教を見る立場として、社会事象、儀式、知的方面、道徳という四つの立場を上げ、さらにもうひとつ重要な要素として宗教体験を取り上げていく。また、第二回第一講では、「個人的経験の宗教と一つの社会の組織、社会制度としての宗教という塩梅に見て行く、この二つに見ることができると思う」（二三九―二四〇頁）として、「個人の宗教というものと、社会の制度としての宗教とは、ある意味ではなんらの関係がないと言っても、いいくらいのものと考えられる」（二四一頁）とまで極論している。

宗教を個人の内面の問題として、社会から切り離すことは、じつは近代の宗教観の特徴である。というか、もともと仏教語であった「宗教」という言葉が、religion の訳語として用いられるようになったとき、宗教は個人の内面の問題として捉《とら》えられ、社会と切り離されることになった。江戸時代の仏教は寺檀《じだん》制度の下に個人の信仰と言うよりも社会制度として定着した。近代になっても、実際には葬式仏教としての制度的、儀礼的な側面が、仏教の下部構造ともいうべきものを形成してきた。しかし、あえてその側面を捨象することによって、近代の知識人による「宗教」としての仏教の大きな発展があった。例えば浄土教であれば、清沢満之《きよざわまんし》の果たした役割はまさしくその点にあった。

それを禅の領域において果たしたのが大拙であった。大拙の禅が欧米にまで大きな影響を与えたのは、まさにこのように個の内面の宗教として、禅を普遍的な宗教経験として位置づけることに成功したからである。そこから、「禅といえば大拙」ということで、大拙的解釈が禅理解の常識、あるいは悪くすると権威と化するまでになってしまった。そこでかえって今日、このような大拙流の禅解釈は必ずしも禅の歴史的実態を反映していないという批判が、強く出されるようになってきている。とりわけ、欧米での大拙批判にはかなり厳しいものがある。

しかし、大拙的解釈だけが禅であるかのように権威化するのが間違っているのであり、そのような誤解は大拙自身が望まないところであっただろう。そうした硬直した見方を離れることこそ大拙の禅理解の核心であり、そのところが分かれば、大拙の思想の広がりや自由な発想がもう一度よみがえり、体験に裏付けられたその思想の深さや豊かさが、今日改めて新鮮な問題を提起していることに気づくであろう。大拙の発言は、しばしばハッと驚くほど大胆で、しかもズバリと宗教の本質を突いている。

例えば第二回第二講では、宗教が本能を肯定する面があることから、その危険性へと話を進める。それはある場合には、「無政府主義、あるいは虚無主義」（一七五頁）ともなりうる。お釈迦《しゃか》様の修行のような厳格主義がある一方で、「反対に、何でもやりたいことはやる、人をも殺すことがある。あらゆることをやる」（同）という場合も出てくる。大拙は、単純に後者の場合を否定して、宗教を道徳主義に固定化させてしまうようなことはしない。両面を持つものとして宗教を捉え、それを宗教の持つ本質的な危険性として認識しようとする。じつは大拙自身の思想がこの重層性を持ち、その思想のわかりにくさをつくっている。しかし、ともかく大拙は決して禅を単純に無責任な融通無礙《ゆうづうむげ》のものと見たのではなく、むしろそこに問題を持つものとしてはっきり自覚していたことは確かである。

この箇所をさらに読み進めると、とりわけ大乗仏教の危険性が指摘され、その中でも、菩薩《ぼさつ》が女の姿をとって済度する場合が例として取り上げられている。そこでは女性が「大抵は色欲の象徴になっている」ことを指摘し、それは「男子本位の時代であったから、普賢が男の要求する女になって、男を済度するというので、男から見ると具合のいい宗教哲学である」（一七六頁）と、その男性本位をきわめて痛快に抉《えぐ》り出している。そこに大拙の開明的な姿勢を見ることができる。

しかも、この場合も単純に道徳主義的になるわけではない。「すこぶる良からざる社会制度を是認するというような形になることもある。これが大乗仏教の、ことに危険の多いところである」（同）と、大乗仏教の本質的な問題と見ているのである。大乗仏教は、それまでの部派仏教の固定化を打破することにより、一方で自由な融通無礙の宗教的世界を開きながら、他方でまさにそのことによって倫理の崩壊の危機を生ずることになった。それはきわめて重大な問題であるが、多くの研究者はそれを自覚していない。大拙は机上の空論としてでなく、まさに自ら体験として大乗仏教の根源に飛び込むことによって、その根本問題を取り出したのである。やがて時代がもう少し進むと、大拙の危惧《きぐ》は現実となり、日本の仏教者たちはいともたやすく戦争協力の中に駆り立てられていくことになる。

少なくとも大拙はその危険を予知していた。そして、何とかしなければ、という危機感を持っていた。「酒酔い本性違《たが》わずというところに、宗教の妙味があるけれども、それと同時によほど危険なところがある。その妙所というものを開いて、そして危険なところをなるべく押えて行くような方法に、どうしてもやりたいと思う」（一七七頁）というその意欲は、しかし残念なことに、必ずしも十分な実を結んだとは言えなかった。大拙自身、戦争の中で韜晦的《とうかいてき》な態度を余儀なくされた。もっとも、その根本問題は今日でも解決していないと言えるかもしれない。宗教と倫理の緊張は、決して魔法のようなきれいな解決法があるはずもないのである。

ところで、本書で禅そのものに深く立ち入っているのは、いちばん最後の第二回第四、第五講である。第一回第五講でも、禅を心理的な側面から神秘的経験として捉えようとしていて興味深いが、「覚するものと覚せらるるものが、一つになった世界」（一二〇頁）というだけでは、もうひとつもどかしいところが残る。第二回第四、五講では、それを仏教の歴史の中で捉えなおそうとしている。禅の本質が経験にあるとしても、そのことは決して歴史を無視してよいということにはならないはずだ。むしろ、経験が禅の、そして仏教の本質であるとするならば、そのことは釈尊以来の仏教の流れの中で証明されなければならない。

そこで大拙が注目したのが『楞伽経《りょうがきょう》』である。大拙はこの頃、梵本の『楞伽経』の研究を盛んに進めており、それは英訳・英文研究書・索引など大部の専門的な研究書にまとめられ、昭和九年（一九三四）に文学博士号を授与されている。禅というと、『金剛般若経《こんごうはんにゃきょう》』などが思い浮かぶが、実は中国の初期の禅宗は『楞伽経』を重んじる一派として展開してきた。敦煌文献によって初期の禅宗に関する関心を深めた大拙にとって、『楞伽経』へと進むことはきわめて自然であった。経典中心の仏教から不立文字の禅への転換点に、『楞伽経』を置いてみようというのである。

実は『楞伽経』はきわめて分かりにくい経典である。内容的にも、必ずしもよくまとまっているとは言えず、唯識説と如来蔵説が合体した独自の理論を展開したりしているということもあるが、そもそも禅で用いられる四巻本は漢文自体が非常に読みにくく、理解が困難である。そのもととなる梵本も非常に分かりにくい。大拙はその根本を、唯識とか如来蔵ということではなく、「自覚聖知」（経典では、「自覚聖智」）ということに求める。「自覚聖知」というのは、「自分で体験するということ」（二二四頁）だという。

もっとも、そう言ってしまうと、何も『楞伽経』を持ち出すまでもない、それこそ「不立文字」の経験一本でいいではないか、と言われてしまうかもしれない。しかし、個人の経験だけに頼ることは、危険である。なぜならば、誰もそれを正してくれる人がいないから、それが本物かどうか、検証できない。新しい宗教がしばしば陥る危険はここにある。大拙も、「個人の経験としての宗教」の要素として、「伝統的要素と、知性的要素と、神秘的要素」（一四二頁）を挙げている。この「伝統的要素」を軽視してはならない。

大拙にとって、禅はただの不立文字の経験ではなく、釈尊から今日まで脈々と続いている伝統であった。それ故に、経験を重んじると同時に、その歴史研究に情熱を傾けたのである。「宗教経験としての禅」が「仏教における禅の位置」へと展開しなければならない必然性はここにある。経験と歴史と、大拙においてその二つが稀有《けう》に結びつく。大拙の禅の深みと、その不朽の意味は、まさにそこにこそ求められなければならない。

本書は、一九五四年十月二十日初版発行より版を重ねた角川文庫『禅とは何か』に新たな解説を加え、新版といたしました。

（編集部）

新版《しんぱん》
禅《ぜん》とは何《なに》か
鈴木大拙《すずきだいせつ》

昭和29年 10月20日　初版発行
平成20年 12月25日　改版初版発行
令和６年 12月10日　改版30版発行

発行者●山下直久

発行●株式会社KADOKAWA
〒102-8177　東京都千代田区富士見2-13-3
電話　0570-002-301（ナビダイヤル）

角川文庫 15492

印刷所●株式会社KADOKAWA
製本所●株式会社KADOKAWA

表紙画●和田三造

ISBN978-4-04-407602-3　C0115

◆◇◇

角川文庫発刊に際して

角川源義

第二次世界大戦の敗北は、軍事力の敗北であった以上に、私たちの若い文化力の敗退であった。私たちの文化が戦争に対して如何に無力であり、単なるあだ花に過ぎなかったかを、私たちは身を以て体験し痛感した。西洋近代文化の摂取にとって、明治以後八十年の歳月は決して短かすぎたとは言えない。にもかかわらず、近代文化の伝統を確立し、自由な批判と柔軟な良識に富む文化層として自らを形成することに私たちは失敗して来た。そしてこれは、各層への文化の普及滲透を任務とする出版人の責任でもあった。

一九四五年以来、私たちは再び振出しに戻り、第一歩から踏み出すことを余儀なくされた。これは大きな不幸ではあるが、反面、これまでの混沌・未熟・歪曲の中にあった我が国の文化に秩序と確たる基礎を齎らすためには絶好の機会でもある。角川書店は、このような祖国の文化的危機にあたり、微力をも顧みず再建の礎石たるべき抱負と決意とをもって出発したが、ここに創立以来の念願を果すべく角川文庫を発刊する。これまで刊行されたあらゆる全集叢書文庫類の長所と短所とを検討し、古今東西の不朽の典籍を、良心的編集のもとに、廉価に、そして書架にふさわしい美本として、多くのひとびとに提供しようとする。しかし私たちは徒らに百科全書的な知識のジレッタントを作ることを目的とせず、あくまで祖国の文化に秩序と再建への道を示し、この文庫を角川書店の栄ある事業として、今後永久に継続発展せしめ、学芸と教養との殿堂として大成せんことを期したい。多くの読書子の愛情ある忠言と支持とによって、この希望と抱負とを完遂せしめられんことを願う。

一九四九年五月三日

鈴木大拙の本

角川ソフィア文庫

無心ということ

平生よくつかう「無心」という言葉の、ほんとうの意味はなにか。「無心」を東洋精神文化の軸と捉える大拙が、仏教生活の体験を通して、禅、浄土教、日本や中国の思想へと考察の輪を広げながら、その宗教的意味を明らかにしていく。

解説・末木文美士

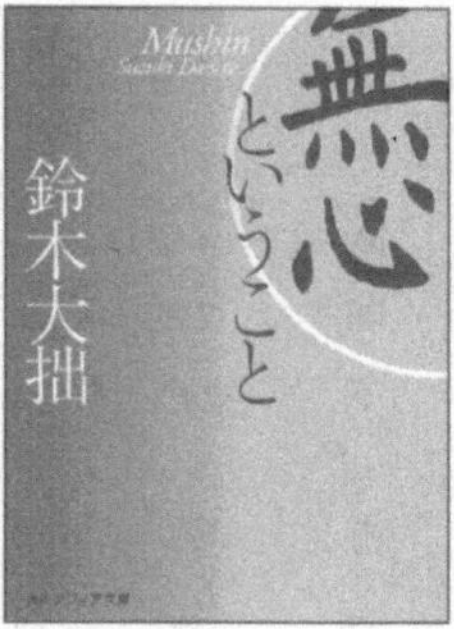

ISBN978-4-04-407601-6